USA 美国科学书架

化学世界
THE NEW CHEMISTRY

能吃的化学

FOOD CHEMISTRY

[美] 大卫·E. 牛顿/著
王中华/译

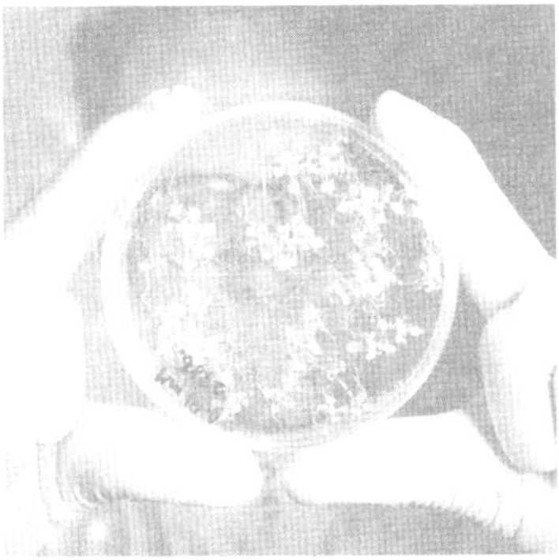

上海科学技术文献出版社
Shanghai Scientific and Technological Literature Press

图书在版编目（CIP）数据

能吃的化学 /（美）牛顿著；王中华译．—上海：上海科学技术文献出版社，2014.6

（美国科学书架：化学世界系列）

书名原文：Food chemistry

ISBN 978-7-5439-6122-7

Ⅰ．① 能… Ⅱ．①牛…②王… Ⅲ．①中学化学课—课外读物 Ⅳ．① G634.83

中国版本图书馆 CIP 数据核字（2014）第 008054 号

图字：09-2014-108

总 策 划：梅雪林
项目统筹：张　树
责任编辑：张　树　于玲玲　王卓娅
封面设计：一步设计
技术编辑：顾伟平

能吃的化学
[美] 大卫·E. 牛顿　著　王中华　译
出版发行：上海科学技术文献出版社
地　　址：上海市长乐路 746 号
邮政编码：200040
经　　销：全国新华书店
印　　刷：常熟市人民印刷厂
开　　本：650×900　1/16
印　　张：13
字　　数：144 000
版　　次：2014 年 6 月第 1 版　2016 年 11 月第 2 次印刷
书　　号：ISBN 978-7-5439-6122-7
定　　价：25.00 元
http://www.sstlp.com

目录

前言

中学基础化学课所讲授的内容多半相对陈旧，而且学校之间在内容上大同小异。学生所学的不外乎以下几个方面的内容：原子理论、化学元素周期表、离子和共价化合物、化学方程式书写方法、化学计量以及液体等。对于那些有意在化学和其他科学领域继续攀登的学生来说，这些知识是他们前进的基础和根本。虽然课堂上老师能够准确地突出重点，但是，通常教师向学生传授的只是化学领域浩如烟海的研究成果中有限的部分。多数无意在化学或科学领域驻足的学生也能够通过化学获取有趣的知识，获知化学对他们日常生活方方面面所带来的最直接的影响。确实如此，那些主修科学的学生能够受益于这样的专业。

“化学世界”系列丛书共6册，力求带领读者纵览化学领域的最新资讯，而不拘泥于课本的条条框框。这6册书分别是：《防治疾病的化学》、《神奇的化学》、《福尔摩斯的化学》、《改变地球的化学》、《能吃的化学》以及《星际间的化学》。丛书内容新颖、覆盖面广，从化学最基本的问题，诸如物质和宇宙的起源，到实际生活中的化学，例如食品和药品的构成，都有涉及。之所以选择“化学世界”作为丛书名，是因为本丛书囊括了化学领域最新、最尖端的科研成果。丛书面向中学生，因为他们已经通过在校学习掌握了一定的化学基础。丛书中大部分的内容可以为具有基础化学知识的人所理解，还有少部分内容需要在掌握化学最新的尖端研究之后才能够领悟。

丛书的每一册都相对独立，各成体系。因此，读者可以从中任意选择进行阅读和学习。为帮助读者更好地理解书中的内容，每一册书都附有重要人物简短的生平介绍。

阅读提示

食品这个话题以各种方式吸引着形形色色的人。我们都知道人需要吃饭才能生存、生长、发展，才能保持身体健康。正是这种需要促使人类不断努力，研究在现有环境下如何才能最有效地种植农作物、养育牲畜，如何才能和其他生物在消耗人类赖以生存的农作物、动物的竞争中取胜，开发各种食品保存技术，确保人类一年四季都能吃到新鲜食品，等等。

毫无疑问，数个世纪以来人类都一直致力于开发各种化学技术生产、加工食品。我们都知道调味品能增加食品的风味，虽然事实也确实如此，但是最初许多调味品却是为了防止食物腐烂，调味品最开始的主要用途是保存食品。干燥、腌制、烟熏都是人类初期到现在一直广泛使用的食品保存技术。

一旦人们对食物的基本需求满足之后，食品就开始具有其他功能。不管是家族、邻里之间还是社会群体中，聚餐都是一项中心活动，大家可以聚在一起共同进行吃饭这个生活中必不可少的活动。聚餐有的是出于宗教目的，比如犹太人在逾越节要举行逾越节家宴；有的出于非宗教的目的，比如大部分美国家庭中必不可少的感恩节大餐。市场上出售的介绍各种食品烹饪及加工方法的书籍都表明现在食品已不仅仅是维持生存的手段，已经和运动、政治、工作等等活动一样，成为人类文化的一部分。

到了21世纪，食品加工技术也不再只是数个世纪之前烹饪技术的发展和延伸。实际上，随着现代化学的发展，食品加工技术目前已经成为一项复杂的科技产业，影响着传统和人们的生活习惯。19世纪初，化学家开始研究农作物的种植方式、家畜的繁殖和培育技术，以及食品加工方法，这标志着食品工业开始起步。人们开发出各种化学产品，用来增加食品的色泽、口味甚至口感，减缓食品腐烂，提高食物的营养价值，某些情况下甚至取代了天然产物。

在过去的两个世纪中，化学家的努力也推动了食品加工及生产的进程。现在，几乎化学工业或化学研究中的所有技术都被食品化学家利用起来，加工天然食品，甚至创造出自然界不存在的新型食品。21世纪消费者面临的一个重大挑战就是要对市场上出售的各种合成及半合成食品有所了解，才能作出正确的决定。

但是食品加工工业中化学技术的运用却是一柄双刃剑。对食品进行化学加工一方面推动了人类饮食的发展，另一方面也带来了种种安全性的问题。合成食品是不是比天然食品更有市场？食品加工过程相对比较安全，还是会对消费者造成威胁？食品加工方式有没有什么限制？类似这样的问题现在成为消费者关注的重要问题，也是本书讨论的主要内容。

一

食品加工的历史

食物对于人类生存至关重要。它不仅能够提供人体生存、生长、保持健康必不可少的蛋白质、碳水化合物、脂肪、纤维素、维生素和微量元素，有时还有社会和宗教意义。人们常常因为传统习俗聚在一起享受美味大餐，比如犹太教的逾越节家宴、生日宴会、庆功宴等。几千年来，食物在人类社会中扮演的角色几乎没有什么太大的变化。

虽然有时人也会直接从树上摘苹果吃，也会生吃从海里打捞上来的金枪鱼，但是总的来说人类吃的食物很少是从自然界中直接获得的。一般食用之前，人们常常会用削、砍、蒸、腌、煮等各种方法加工食材。人类文明从开始到现在，加工食物一直是人类饮食文化的一部分，而且加工对象的范围越来越广，工艺也越来越复杂。现在的食物加工有时还会用到一些传统的方法，比如腌制、风干等，但是现代社会也发展出了许多新的加工方法，有时候经过加工之后得到的产物和天然食物有着天壤之别。在人类文明两千年的历史中，影响食品加工方式的最重要的因素就是化学科学的发展。科学家在食物中加入五花八门的化学物质，用以改变食物的味道、颜色、口感和其他性质；发明了各种方法来改变食物的物理和化学性质，增加营养或者改进口味，甚至开发出了许多自然界中不存在的食品。

现在的食品加工技术有利有弊。比如，从前很多食物只有在一年中的特定时间才能吃到，可是现在人们几乎随时都可以享用。世界各地的人都能吃到营养丰富的食品，这大大延长了人类寿命并且减少患病的风险。而且，科学家甚至开发出了我们的祖先做梦都想不到的各种新奇食物。

但是，化学方法加工过的食品也有诸多弊端，有的新型食品中的化学添加剂对人体健康有害，而且这类食品的蔓延可能会危害大自然和生态环境。此外，现代社会开发新食品大多出于个人利益，比如个人想要获得经济利益，而不是基于全人类的利益，所以最后可能会得不偿失。

当今社会，对食品加工的质疑层出不穷。究竟什么才算“好”食品，什么又是“不好”的食品？天然食品真的比加工食品对人更好吗？什么时候加入化学物质或者什么时候加工能够提高食品价值，而什么时候又会降低食物的营养价值，甚至对吃的人造成不好的影响？一般的消费者对这些问题也大都一知半解。

从熏乳齿象到腌猪肉

几乎从人类文明萌芽开始，就一直在对食物做各种加工，因此，最难以回答的问题就是不同食品加工方式其价值和安全性如何。甚至可以这么说，如果没有某些食品加工方法的话，人类可能没办法在地球上生存下来。

迄今为止，使用最普遍、最古老的食品加工就是食品保存。不妨试想一下，生活在北欧的人类祖先如果不懂如何保存食物的话，怎么可能熬过寒冷漫长的冬天？再设想一下，生活在非洲大陆原始部落的猎人，刚刚捕获一头庞然大物，这几乎能为他们提供几个星期的食物，那么他们又该怎么办？这两种情况下，远古社会的人们都面临一个问题，就是食品保存，什么样的方法可以把现在的食物保存下来以备将来使用，而且这个将来常常是很长时间。

数千年以来，人们发明了各种各样的方法保存食物，防止食物"变坏"，用我们现在的话说就是防止食物变质。腌制、熏制、冷冻、风干等都是最古老的食品保存技术。而在这种种技术中最重要的就是腌制，事实证明这也是最有效的方法。

尽管人类祖先发明了各种各样保存食物的方法，但毫无疑问，他们对其背后的原理一无所知，只是简单地知道这么做是有用的。直到19世纪，法国化学家路易·巴斯德（1822—1895）和德国细菌生物学家罗伯特·科赫（1843—1910）发现微生物在有机物变质和疾病传播中有重要作用，这时人们才开始对食品保存的原理有了深入理解。这些科学家还揭示出了什么样的环境适宜细菌生长（温暖和营养物质丰富），而什么样的环境又能抑制细菌生长（寒冷且干燥）。

这些发现解释了为什么各种食品保存技术能够防止食物腐烂。比如，风干的方法能够减少细菌生长需要的营养物质，达到保存食物的目的。冷冻的方法可以降低食品的温度，在低温下细菌很难生长繁殖。而香料能起作用有许多原因，其中之一就是香料能释放出对细菌有害的化学物质，比如丁香能释放一种叫做丁香油酚的化学物质，可以减缓细菌生长。此外，熏制过的食品也能保存很长时间，是因为烟气和香料一样，也包含着大量能抑制细菌生长的化学物质。有一种广泛使用的合成防腐剂叫做丁羟基茴香醚（BHA），就是使用烟气中含有的天然成分。

食品添加剂：优点和挑战

虽然许多添加剂都有助于保存食物，但是数个世纪以来人类在食物中加入各种化学物质，却并非出于储存食物的目的。香料一直被用作食品添加剂，不只是因为其可以防止食品变质，更多时候是为了增添食物的风味，比如有的食物本身味道很淡，或者有的食物开始变质，这时候都需要香料提味。此外，添加剂也用于增加食物的色泽，人们不仅仅用舌头品尝食物，眼睛也要享用美食而要求色香味俱全。比如藏红花一直就被用来为某些食物增加亮黄色，在改善口味的同时增加视觉诱惑力。早在14世纪，人们就懂得在黄油里加入一点点藏红花之后颜色会更为鲜亮。

当然也有的时候在食品中加入添加剂并非出于善意，比如众所周知的食品掺假也有着悠久的历史。在日常食品比如面包和酒里掺假的历史可以一直追溯到古埃及。在古埃及社会，出售掺假面包的面包师要冒很大的风险，因为根据法律规定，这样的人会被割掉耳朵钉在店铺门口以示惩罚。古埃及之后数个世纪的古罗马政治家大卡图（公元前234—公元前149）就提到过关于酒里掺水的问题，而且还告诉人们通过什么方法能鉴别酿酒者有没有造假。大卡图之后两个世纪，另一位古罗马哲学家加伊乌斯·普林尼·塞坤杜斯（常称为老普林尼，23—79）也在书中详细描述了用白垩粉和牛饲料给面包掺假的过程。这种假面包的制作方法在面包师和一些食品供应商中间十分流行，因为假面包比真面包便宜很多，大大增加了销售的利润。

古时候的食品分析方法既原始又不可靠，禁止食品造假的法律形同虚设，而且很难实际执行，直到19世纪这一状况才有所改善。当然事有例外，比如爱德华一世（1272—1307）就颁布了一条法律，规定面包师如果掺假，要把假面包挂在脖子上，从市政厅一直沿街拖到他的店铺。如敢再犯，面包师会受到戴枷示众的处罚；如果第三次再犯，根据法律规定面包师就被剥夺从业资格，炉灶也会被砸毁。

几乎与此同时，意大利也通过国家法律，禁止酒里掺水的造假行为。此外，1574年法国通过的一条法律，禁止在糕饼里添加食物色素冒充鸡蛋。

最早抵制食品造假运动的发起人是一位名叫弗里德里克·阿卡姆（1768—1838）的德裔英国人。阿卡姆十分关注食品中广泛使用的明矾，明矾也叫硫酸铝钾盐［$KAl(SO_4)_2$］，这种物质多用来漂白面包。他对当时伦敦出售的许多面包进行了化学分析，并于1820年出版了《食品掺假以及监测方法》一书。书中指明面包中使用明矾可能带来的种种问题，还揭示了其他食品制造商掺假的许多方法，在此之前，民众对此几乎一无所知。

糖里混入沙子或者锯末屑、牛奶里掺水、啤酒里掺铁盐等也是当时流行的造假方法。事实远不止如此，用过的茶叶烘干后再次出售，糠里混入红辣椒，甚至咖啡里也会被造假者掺入菊苣之后一起出售。阿卡姆的研究出版之后，磨坊主和面包店老板被搞得焦头烂额，他们联合了其他食品供应商一起迫害阿卡姆，最后这位化学家被大英帝国驱逐出境，不得不回到家乡德国。但是，这并不能阻挡阿卡姆所做一切的深远影响，在他的研究结果的推动下，1860年，也就是40年之后，英国议会通过了历史上第一部食品法。

美国的食品立法历史

在美国历史上，人们很早就表达了对食品造假的关注。例如，1641年，马萨诸塞州法院制定法律，对面包产品的大小和成本都做了详细的规定。哪位面包师如果违反该条例的话，根据法律要求，他的所有面包都要被销毁。同样，也有相应的法律禁止乳制品工人在黄油里掺假。

但是，在英格兰，与食品造假相关的法律直到19世纪中期才开始出现。1862年，亚伯拉罕·林肯总统任命化学家查尔斯·M.威斯利尔（1825—1871）在新成立的农业部任职，威斯利尔是德国著名化学大师利比希（1803—1873）的学生。他上任之后积极开展了各项化学研究，分析食品、肥料、杀虫剂及其他农产品的化学成分。第一个相关项目是酿酒过程中葡萄的使用。威斯利尔提出一个疑点，如果酿酒过程中加入糖分算不算造假呢？他得出的结论是不能算。当时威斯利尔作出这样的判断并不容易，直到46年之后，美国食品与药品管理局才明确规定酒里加糖是一种造假行为。

19世纪末期，美国政府开始重视对食品和药品的控制，当时食品和药品的生产、加工、分配流程中有两大趋势：一是美国人购买食品的方式产生了戏剧性的转变，二是品牌药（也称专利药）开始冲击市场。

19世纪的美国，大部分农村家庭都还是自给自足或者就近购买食品。随着国家的工业化进程加快，这种模式也在悄悄发生变化。农场、牧场、奶牛场的工业化和机械化水平越来越高。出产的农产品也开始运到遥远的大城市出售，运输过程可能要经过数天、数星期甚至数个月。这样的销售模式不仅需要更有效的食品保存技术，而且日益挑剔和忙碌的城里人，也对食品提出了新的要求：口味好、色泽美、便利等等。1820年前后，英国阿卡姆提出的许多问题在美国再次浮出水面，在食品加工、分配和销售的整个流程中都出现了种种问题。当时的食品造假有一些惯用的伎俩，挤奶工在奶油里混进添加剂增加稠度（通常会加入牛脑），店员在沙拉酱里加入矿物油，廉价的苹果酒加上黄丹色素就变成了“红酒”，硼酸加进蜂巢蛋糕，尘土和砷掺入可可粉，沙子也被混进糙米和红糖里滥竽充数。

第二大趋势是19世纪初期，美国的专利药品工业开始兴起并迅速发展。专利药品一般是非处方类药物，其商标受法律保护，药物成分也允许对公众保密。到1900年，报纸杂志上充斥着这类药物的广告，比如印度神力宝、维纳糖尿病安全疗法、哈姆林魔力油、高德福牌氯化铵吸入器、谢尔登医生磁力油、格拉夫妈妈打虫药、威廉姆医生治疗白化病的粉色小药丸等（参见图1-1）。如果按照这些药品厂商的说法，几乎人类的全部疾病都能够痊愈。比如，一种叫维塔塔的药声称能治疗肺结核、肾病、膀胱炎、糖尿病、痔疮、癌症、失眠、

葛庭医生的大力糖汁就是专利药品的一个例子，在19世纪初十分流行，承诺能够治愈多种疾病和身体不适。（国家药物图书馆）

图1–1　葛庭医生的大力糖汁

神经衰弱、癫痫、癣、坐骨神经痛、贫血、萎缩病、消化不良、肿痛、布赖特氏病、风湿、痛风、湿疹和所有血液病、皮肤病。厂商向消费者承诺说这种药能够“治愈麻风病，患者能够重新获得活力，过上更为理智的快乐的生活”。而事实上，这些专利药品中大多加入鸦片、吗啡、海洛因、可卡因以及有兴奋效果的酒精，从而达到缓解疼痛和提神的效果，除此之外没有任何药物疗效。

哈维·华盛顿·威利（1844—1930）

美国首部食品和药品法的通过，离不开许多忧国忧民有见识的人的辛勤努力，其中首推哈维·华盛顿·威利（Harvey Washington Wiley）博士，他曾在1882—1907年担任美国农业部化学局第一任局长，1907—1912年担任美国食品与药品管理局局长。

1844年，威利出生于印第安纳州肯特郡的一户普通农家。1867年获得汉诺威大学学士学位，1871年获印第安纳药物大学医学博士学位，之后于1873年获得哈佛大学第二学士学位，1974年，威利回到印第安纳州，担任新成立的普度大学化学系教授，教授化学、物理等课程。威利在普度大学的主要研究方向之一就是检测食品造假。他研究糖分化学，分析糖和果汁的化学成分，检查它们有没有被掺假以及是如何被掺假的。

威利曾在1875年、1883年、1900年三次被提名为普度大学校长候选人。第一次被提名时，校理事会觉得他尚未成家，年纪小，威望不够，否决了他的提名。威利在学校里知名度很高，对学生永远怀着无限的热情，学生也都很喜欢他，《普度大学年鉴》1908年甚至称他为“普度运动员之父”。当1883年和1900年再次被提名为校长候选人时，身在华盛顿的威利已经公务缠身无暇回普度了。

鉴于他在检测食品造假方面有丰富的经验，1882年，威利被任命为美国农业局化学部部长，正式到华盛顿任职（随后他撰写了一本相关课题的书，名为《食品和食品造假》，1907年出版，1911年再版）。威利逐渐意识到，要想制止食品生产过程造假，减少食品中对人体有害甚至能导致死亡的化学物质，国家必须制定严格的法律。

为了阐述自己的观点，威利进行了一系列研究项目，其中最惊人的就是1902年叫做毒药敢死队的实验。毒药敢死队包括12名志愿者，他们自愿长期服用可能导致中毒的食品添加剂。威利进行了认真仔细的实验设计，测量了志愿者们的身高、体重、体温、脉搏和其他身体指标的变化，从而看看这些加入化学添加剂之后的食物对人体有怎样的影响。最终，由于摄入了大量的化学添加剂，敢死队的成员都得了重病，威利不得不中止了实验。但是，也正因为如此，公众和立法者都开始关注这个问题，威利的目的达到了，几年之后，1906年美国国会通过了《纯净食物和药品法》。

1903年，威利在华盛顿逝世，葬于阿灵顿国家公墓。

公众对新的食品加工系统和专利药问题的关注日益增强，最终《纯净食物和药品法》（1906年）得以通过。这是美国第一部关于食品和药品的国家法案。这一法案有3个主要内容：首先，创立了美国联邦食品和药品管理局（简称FDA），这一机构主要负责评估美国境内所有人食用的食品和药品；第二，定义了允许出售的处方药种类；第三，法案要求生产厂家务必在产品说明上列出所有可能的药物添加剂成分（专利药也是如此）。

《纯净食物和药品法》有一些直接而重要的影响，比如大大减少了专利药的生产和销售，但是对食品生产、加工、分配这一系统影响不大。食品销售商继续开发加工天然食品的新方法，比如增加产品的色香味，增加保健功能，增长保质期，等等，想方设法吸引消费者。事实上，这些方法到现在仍然十分流行，而且化学家仍然在坚持不懈地寻找新的食品加工方法，增加产品的市场竞争力。

尽管纯净食物和药品法案有种种不足之处，但仍然奠定了一个世纪以来美国食品安全的立法基础。美国国会曾对这一法案作了多次修订和补充，最重要的是《联邦食品、药品和化妆品法》（简称FDCA），这一法案拓展并详述了1906年法案的内容，特别是禁止了州际间的造假食品交易。

20世纪中期，食品工业中另一次变革开始兴起：人造食品的生产，这类产品中包括很少量的甚至完全不包括天然食品。你只要仔细阅读一下任意一种食品的标签就会看到各种人造食品。不妨猜测一下什么样的食品会包括下述成分：玉米糖浆固体、植物油（氢化椰油、棕榈仁、油菜子、氢化棕榈油、大豆、棉籽油、红花等）、酪蛋白酸钠、磷酸二钾、甘油酯、人工调味料、胭脂树橙色素。（答案是人造鲜

奶油）

并不是说所有的食品加工方法都不可取。实际上，食品加工技术大大提高了食品的营养价值，同时让产品更能吸引消费者。更重要的是，食品添加剂已经用来避免和控制各种营养缺乏症。

甲状腺肿大就是典型的营养缺乏症。19世纪20年代中期，大卫・马林博士以及密歇根州、俄亥俄、西弗吉尼亚州的相关专家针对这一病情作了大量研究。甲状腺肿大的症状有脖根部肿大如柚子，病人反应迟钝、智商低、聋或哑、发育迟缓、抵抗力下降，严重时导致死亡，可能导致孕妇流产。

马林和他的同事发现，在食物中加入少量碘可将患甲状腺肿大的风险基本降为零。也正因如此，现在甲状腺肿大也称碘缺乏症（简称IDD）。如果饮食中微量元素碘不足时，人就会患IDD。

根据马林的研究结果，他指出"甲状腺肿大是最容易预防的疾病之一……只要政府努力，就可以将这种病从人类生活中彻底铲除"。将碘用作食品添加剂就可以预防甲状腺肿大。到1924年，美国绝大部分州都已经可以买到"加碘盐"，这种加碘盐是在普通食盐（氯化钠，NaCl）中加入少量的碘化钾（KI）。20年之内，美国家庭中食用加碘盐的数量就达到75.8%，IDD这种疾病也被基本根除。而且自19世纪50年代以来，食用加碘盐的数量一直保持这一比例。相反，在世界上加碘盐得不到推广的许多地区，IDD成为威胁人类健康的大问题。

除碘之外，美国还有许多厂家在食物中添加维生素和微量元素。面粉、谷类、大米、玉米粉以及蛋制品中大多加入维生素硫胺（维生素B_1）、核黄素（维生素B_2）和烟酸（另一种B型维生素）；各种奶制品中都会加入维生素A，比如脱脂和全脂牛奶、人造奶油；婴儿食品、肉和肉制品、蛋制品中都会加铁，为有特殊营养需求的人提供的食物也有含铁食品；谷类、蛋制品、婴儿食品以及植物饮料中也会加入微量锌元素。

总之，1906年的《纯净食物和药品法》为美国的食品监控奠定了立法和规范基础。这一法案也在很大程度上保护了民众，遏制了造假食品泛滥。与此同时，食品化学家也在不断开发食品工业中的新产品。其中一些，比如营养成分添加剂，显著提高了食品品质。但是，也有一些食品化学上的研究成果，对提高食品质量影响很小。

保尔·卡勒（1889—1971）

纵观20世纪的食品加工工业，最伟大的成就就是人工合成维生素并将其添加到食品里。瑞士化学家保尔·卡勒（Paul Karrer）就是这一领域的领军人物。1889年4月21日，卡勒出生于莫斯科，他的父母都是瑞士人，当时居住在俄国。卡勒就读于苏黎世大学，1911年获得博士学位。在法兰克福大学下属的乔治·施佩尔化学疗法研究所工作了很短一段时间之后，卡勒回到苏黎世大学任化学系教授。1919年，他被任命为化学与化工学院主任。

卡勒早期研究类胡萝卜素，这种色素为浅黄色，广泛存在于胡萝卜、西红柿、蛋黄、甘薯等食物中。卡勒发现了多种类胡萝卜素，并测定了每种的化学结构。19世纪30年代初，他开始转向维生素的研究。

从人类文明萌芽开始，就备受维生素缺乏症的困扰，比如佝偻病、维生素B_1缺乏症、烟酸缺乏症等。如果患者能够在饮食中添加必要的维生素或者微量元素的话，这些疾病都可以避免。但是世界上还有许多地区的人没有办法达到这一要求。而攻克维生素缺乏症最简单易行的方法就是在日常饮食中添加维生素。

但问题是当时的科学家并不知道维生素的化学结构，甚至对维生素这种物质的存在都一无所知。这一问题引起了各国科学家的关注，包括卡勒。只有知道了化学结构，化学家才能找到人工合成维生素的办法，进而才能作为食品添加剂大量生产。

1931年，卡勒发表了维生素A的化学结构，这种物质的结构和类胡萝卜素相似。这也是人类首次完整准确地测出了维生素的结构。之后卡勒和他的同事第一次在实验室里合成了维生素A，标志着维生素可以通过人工合成。

随后卡勒继续测定并合成了一系列维生素，1935年合成出核黄素（维生素B_2），1938年合成出维生素E（也称生育酚）。卡勒一生中发表了1 000多篇关于维生素、类胡萝卜素和其他有机化合物的科学论文。为了表彰他在维生素领域作出的贡献，1937年，卡勒被授予诺贝尔化学奖。他一直在苏黎世大学任职，直到1959年退休。1971年6月18日，卡勒在苏黎世逝世。

食品法和食品立法方面的优点和问题

《纯净食物和药品法》是第一部关于食品安全的法律，使消费者免受危险食品和药品危害，具有里程碑式的意义。但是这一法案也存在许多不足之处。比如，对于什么是安全的食品和药品，法案中就没有给出明确定义。因此法院在执行的时候遇到很多困难，没有关于“纯净食品”的条例可依，就没办法给食物造假定罪。此外，根据法律，食品生产或者药物制造者只有在蓄意伤害的情况下才可定罪，而证明是否蓄意又是政府的任务。

随着时间的推移，研究食品和药品的科学家不断取得新的成果，1906年法案的缺点也日益暴露出来。随着科学家不断地发现和发明新的食品添加剂，并迅速投入生产，生产出各种新食品和新的药物。1906年的法案逐渐落伍。1906年法案通过之后的20年间，科技工作者取得了巨大的进展，而政府对食品和药品的监管却一直没有变化。

19世纪30年代，舆论界又掀起了一股热潮，要求政府加强对食品和药品的管理力度。而另一方面，产品生产者则警告政府不要干涉人民自由选择商品的权利。食品生产商、加工者、分配商和零售商都担心政府监管会削减他们的利润。

历史往往如此，任何立法变革的实现都要经过惨痛的教训。1937年，一家小型药品生产厂家Massengill公司生产的新药“神奇药水”上市，该公司将磺胺制成口服液，取名为“磺胺长生不老药”。公司认为病人不喜欢固体的磺胺药片，也不喜欢注射试剂，而口服液可能会得到消费者青睐。但是，出于某些原因考虑，公司使用了二甘醇作磺胺溶剂。二甘醇是一种剧毒物质，新药品上市短短几个月，就有109名患者死于药物中毒。而根据当时的法律，政府不能以销售有毒药品的罪名起诉Massengill公司，最后只能以标签错误的罪名罚了该公司1.68万美元草草了事。

Massengill公司事件警醒了立法者，接下来的6月，美国国会制定了《联邦食品、药品和化妆品法》，由当时的总统富兰克林·罗斯福签字通过。这一法案比1906年的有长足的进步。首先，法案要求，药品生产商必须在上市前对新产品进行检测，并且向政府机关提交科学检测结果。其次，禁止在食物中添加有害物质（这一条在之前的法律中竟然没有规定！）。而且，法案还为食品生产和加工过程制定了详细的标准以及监督机制。最后，如果有人触犯法律的话，要受到更严厉的处罚。

在美国，食品立法的历史也就是政府部门不断修订政策紧跟科技发展的历史，实际上世界各国都是如此。除非立法者真正深入市场，否则他们并不知道食品科技取得了哪些新成果，这也是政府部门常常处于劣势的原因。

从1938年法案之后数十年间美国不断通过的一系列法律就可看出这一点。比如，第二次世界大战之后，不管是和战争相关的研究，还是食品科技，都飞速发展，国家要不断地制定新法律以跟上科技发展的脚步。1954—1960年之间就颁布了3个对1938年法案的修正案。第一部是《农药修正案》（1954年），主要针对市场上销售的和农产品相关的化学药剂。第二部是《食品添加剂修正案》（1958年），这部修正案中第一次明确定义了什么是食品添加剂，食品添加剂上市前都要做哪些检测，更重要的是，其中有一章称作《德莱尼修正案》，里面明文规定，如果化学添加剂经动物检测会致癌的话，严禁在产品中使用。最后一部修正案是《色素添加剂修正案》（1964年），主要针对能改变食物颜色的化学物质，当时使用这类化学物质的工厂越来越多。

最近一部和食品、药物相关的法律是《食品和药品管理局现代化法》（1997年），自1954—1960年3部修正案颁布以来的40年间，科技取得了巨大进展，联邦颁布这部法律主要就是想让FDA能够跟得上科技进步的速度。1997年法案涉及各种各样的内容，从食品和药品管理局建立检测食品药品系统的必要性，到相关的标签管理政策，再到对新药品、新医疗器械的使用和管理政策都有涉及。

政府和科学家之间的赛跑永无止境：一方面，食品科学家在努力开发新产品适应市场需求，另一方面，政府部门要马上检测这些新产品是不是安全有效。21世纪初期，在食品安全方面出现了许多新问题，而且之前的老问题也再次浮出水面。食品科学家开发出许多新产品，比如转基因食物，自然界不存在的纯人工合成产品（不过可能在自然中找到类似的物质），而不久的将来，这些食物很可能会成为人类餐桌上的主角。同时，营养学家和消费者也再次开始质疑所谓的纯天然有机食物的问题。这些新世纪的新进展也为公众和食品安全立法者提出了新挑战。

二

食品添加剂

美国食品和药品管理局建立了一个数据库，也叫美国境内食品添加剂数据库（简称EAFUS，网址为http：//vm.cfsan.fda.gov/~dms/eafus.html）。数据库中包括3 000多种化学物质，都是美国法律允许或者可能允许使用的食品添加剂。其中许多物质都是化学专业低年级学生熟悉的化合物、单质和混合物，比如醋酸、氢氧化铝、苯、氯化钙、丁香、硫酸钴、葡萄糖、铁、硫酸镁、臭氧、苯酚、磷酸、氯化钠、硫酸和维生素A。但是EAFUS中也包括许多连化学专业的学生都不熟悉的物质，比如虾青素、2－甲羧基苯并呋喃、杜松烯、β－丁香油烃、血竭提取物和E－2－（2－辛烯基）环戊酮。

在EAFUS中，每种物质条目下都包括196项相关信息。每种物质的使用和安全性分为5个等级，从安全并广泛使用，到可使用但安全性未知，再到不安全、禁止作为食品添加剂。以化合物4－丙基-2,6-二乙氧基苯酚为例，它的分类是“NIL”，表示有数据表明该物质有毒，而且还没有被使用为食品添加剂。再比如硫酸钴这种物质，分类级别为“BAN”，表明该物质对人体有害，禁止用作食品添加剂。需要注意的一点是，BAN类中的物质都曾经一度被加入食品中，之后才被逐渐禁止。

透过EAFUS数据库，我们就可以看到食品添加剂这一领域范围之广，种类之多。同时也可以看到许多食品中包含的化学物质，其化学性质实际上尚未被充分了解。

现在人们如何允许利用食品添加剂，某种程度上可以反映它们曾经的用途。EAFUS数据库中列出的条目也能反映出这些物质现在的多种用途。食品添加剂的用法主要分为三类：防腐剂、营养添加剂和适应市场需要的添加剂。

防腐剂

食物变质有两个主要原因：食物中微生物的作用和食物自身的自降解过程。这两种情况下都会发生一系列化学变化，进而导致食物变质。

食物中的细菌、酵母菌、真菌等微生物会导致食物变质，这些生物能利用食物中的营养物质进行自身的新陈代谢进而生长繁衍。其新陈代谢过程中会生成有毒的副产品，使食物腐烂变质。微生物新陈代谢的副产品会对食物的口感、营养、外观造成各种各样的影响。有的“变质”食物比如泡菜，对有的人来说是难得的美味而有的人则避之唯恐不及。不过变质食物最大的危害在于其中含有的有毒物质，可能危害食用者的健康。

针对微生物的防腐方法

第一章里曾提到过，食物保存的方法之一就是杀死微生物，减缓或抑制微生物生长，或者阻止其繁殖。其中既有物理方法也有化学方法。物理防腐的思路是改变微生物的生存环境，使之不适合微生物生存。大部分微生物对环境有共同要求：氧气（有氧微生物需要）、湿润、温暖以及一定的酸度。物理防腐的方法就是剥夺上述条件中的一种或几种，使得微生物不能生长繁衍。例如，将食物加热到一定的温度（低温消毒法）可以杀死食物里已有的微生物，阻止食物变质或者降低变质的可能性。冰冻的方法只能减慢微生物的新陈代谢，并不能杀死微生物，因此不如低温消毒有效。干燥能够剥夺微生物生长繁殖所必需的养料，是一种十分有效的食物保存手段。这些物理防腐方法中，每种都只能对某些食物有效而对有的食物则效果不显著。此外，一种前景广阔的食物灭菌方法就是辐射灭菌（将在第五章中进行专门的介绍）。

食品防腐的化学方法则直接针对微生物本身，通过改变微生物的生化结构或者参与新陈代谢和繁殖中的化学反应达到防腐的目的。化学防腐的方法可分为三大类：

1. 改变微生物细胞膜的渗透压，使细胞不能从周围获取营养物质进而死亡；

2. 参与微生物新陈代谢的反应过程，通常破坏酶的活性进而导致微生物死亡；

3. 抑制或者参与微生物繁殖过程中的反应，使新的微生物不能生成。

上述这些方法中的一个关键影响因素就是pH值。pH值是衡量溶液中酸度的指标，等于溶液中氢离子浓度对数的相反数，用下式表示：

$$pH=-\log[H^+]$$

pH值的变化范围为0~14，低pH值代表酸性溶液，而高pH值代表碱性溶液。纯水或者中性溶液的pH值为7。

科学家研究发现，在pH值低于4.6的环境下，只有极少数微生物能够存活，而大多数有毒微生物生长的最适pH值更高，表2-1给出了一些常见细菌生长的最适pH范围。

有机和非有机酸都是广泛使用的化学防腐剂，这些酸能降低食物的pH值进而抑制或者防止食品变质。而且，很多情况下这些酸还能参与微生物的某种或某几种生化反应。比如有的化合物分子结构和反应物结构十分相似，能够竞争微生物分子上的反应位点，因此也称作拮抗菌。现在普遍使用的拮抗菌有苯甲酸、山梨酸、丙酸、亚硫酸以及硝酸。

表2-1　各种微生物生长所需的最适pH

微　生　物	pH	微　生　物	pH
细菌	约7.0	梭状芽孢杆菌	6.0—7.5
大肠杆菌	6.0—8.0	真菌	约5.6
沙门氏菌	6.8—7.5	原生动物	6.7—7.7
链球菌	6.0—7.5	藻类	4.0—8.5
葡萄球菌	6.8—7.5		

苯甲酸（C_6H_7COOH）及其盐，也称苯甲酸盐，是自然界中存在的天然化合物，越橘、梅子、肉桂等植物中都含有这类化合物。苯甲酸及其盐类不仅能降低食物中的pH值，也会阻碍某类酶的活性，这类酶能催化分子中氧化磷酸化反应，如果其活性受阻，微生物就不能储存营养物质新陈代谢过程中释放出的能量。此外，苯甲酸和苯甲酸盐还会限制甚至抑制细胞膜中的某些物质，使其不能把必需的营养物质传输到细胞内部。苯甲酸对霉菌的抑制作用最为有效，酵母菌次之，细菌最弱，一般用于果汁、糖浆、软饮料、调味品和人造黄油中的防腐剂，通常以盐的形式存在，比如钠盐或者铵盐。

山梨酸（$CH_3CH=CHCH=CHCOOH$）及其化合物能降低食物中pH值，还能和细胞膜中的化学物质反应，削弱细胞膜传输养分的能力，此外，它还能和细胞新陈代谢过程中的各种酶反应，例如烯醇酶和脱氢酶。很多食物中都会加入山梨酸，比如奶制品，主要是奶酪、肉类、烘焙类食品、速食沙拉、派、糕点、腌制食品等。食物中加入的山梨酸一般是山梨酸钾或山梨酸钙。

2000年，科学家发现食品中加入苯甲酸或者山梨酸之后，会产生一种奇妙的“副作用”。美国罗彻斯特大学医学中心的研究者发现，这些化合物能降低蛀牙的风险。食用添加苯甲酸或山梨酸的氟化物的老鼠比单纯食用氟化物的老鼠蛀牙数目显著减少。这一发现无疑是意外之喜，因为这类添加剂现在广泛添加在各类食物中，几乎每个人都已经不费吹灰之力地从中受益，可能不知不觉中已经减少了患蛀牙的风险。

苹果、草莓这类水果能自然生成丙酸（CH_3CH_2COOH），茶叶和紫罗兰中也能生成丙酸。丙酸添加到食物中后，会吸附在微生物细胞膜表面的分子上，抑制甚至阻止细胞膜两侧的物质运输。在细胞内部，丙酸能降低pH值，阻碍生物体进行正常的新陈代谢。丙酸对真菌的抑制十分有效，也能用于抑制某些芽孢型细菌（也称产孢菌类）。丙酸及丙酸盐多用于烘焙类食品、奶酪和乳制品中。加入食品中的丙酸多为钙盐或者钠盐，比如丙酸钙和丙酸钠。

苯甲酸酯是指仲氢取代的苯甲酸类烷基酯。这类化合物能有效抑制真菌和酵母菌生长。常用作食品添加剂的有苯甲酸甲酯、苯甲酸乙酯、苯甲酸丙酯、苯甲酸丁酯、苯甲酸庚酯等。不过，苯甲酸庚酯很少用作麦芽酒精饮料和软饮料中，因为它能阻碍杆状菌、梭菌等细菌的孢子生长。最常用的防腐配方是苯甲酸甲酯和苯甲酸乙酯的混合物。这类混合防腐剂多用于烘焙食品、果酱、果冻、软饮料、某些乳制品以及一部分鱼和肉类食品。苯甲酸甲酯和苯甲酸乙酯的化学结构如图2-1所示。

亚硫酸盐是硫酸类化合物，既能作抗菌剂也能作抗氧化剂，

对羟基苯甲酸甲酯钠盐　　对羟基苯甲酸乙酯钠盐

图2-1　两种常见的苯甲酸酯类防腐剂

它能阻止或抑制食物的自然降解过程。从抗菌角度来看，亚硫酸盐能阻碍ATP（三磷酸腺苷）形成过程中两种关键的酶的活性，而ATP是活细胞用于制造能量的原料。一旦磷酸－3－甘油醛脱氢酶和酒精脱氢酶这两种酶的活性被抑制了，微生物细胞无法生成ATP，随之就会死亡。这两种酶的细胞中含有半胱氨酸，亚硫酸盐能破坏这种氨基酸中的硫键，抑制这两种酶的活性，此外，亚硫酸盐还能破坏支撑酶分子立体结构的二硫键，酶分子中的立体结构被破坏之后，无法键合到分子结构上，酶分子也就不能发挥作用了。

食品工业中，亚硫酸盐主要指包括二氧化硫（SO_2）、亚硫酸（H_2SO_3）、亚硫酸根（SO_3^{2-}）和亚硫酸氢根等一系列化合物。亚硫酸盐具体以何种形式存在取决于许多因素，最重要的因素就是pH值。低pH值下酸型（H_2SO_3）为主而且其活性最高。

亚硝酸盐及其化合物是已知的最古老的防腐剂。有证据表明，古埃及人用亚硝酸盐为酒桶消毒，古罗马文献中也详细记载了人们灼烧亚硝酸盐消毒的方法。据食品添加剂及食品配方协会报道，亚硝酸盐是当今世界上使用最广泛的食品防腐剂。酒和醋里都含有大量的亚硝酸盐防腐剂。但这类物质最重要的用途是用于水果和蔬菜保鲜，刚刚收获的水果、蔬菜必须用亚硝酸盐保存，才能免受真菌和酵母菌危害。

硝酸盐（NO_3^-）和亚硝酸盐（NO_2^{2-}）主要用来保存肉类。大部分人都认为肉质粉红才是新鲜健康的，这两类盐就有这一功能。肉类食品中加入硝酸根或亚硝酸根，比如硝酸钾（KNO_3）或亚硝酸钠（$NaNO_2$），之后,会发生一系列化学反应生成红色物质。如果加入硝酸根作添加剂，第一步首先是硝酸根反应生成亚硝酸根：

$$NaNO_3 \longrightarrow NaNO_2$$

肉类食品中含有的天然微生物，比如微球菌就能催化这一反应。第二步，亚硝酸根转化为亚硝酸，生成一氧化氮气体（NO）：

$$NaNO_2 \longrightarrow HNO_2 \longrightarrow NO$$

最后一步是一氧化氮和肉类中的肌红蛋白反应生成亚硝基肌红蛋白，这是一种亮红色物质，使肉质看起来十分新鲜。

硝酸和亚硝酸盐的第二个重要用途是作为肉制品中的食品添加剂：能抑制梭菌属肉毒杆菌的孢子生长繁殖。这类细菌能导致肉毒杆菌中毒，可能导致生命危险，是危害人类健康的重症之一。

亚硝酸能够氧化氨基（NH_2^-），抑制肉毒杆菌的生长。这是因为亚硝酸首先和胞嘧啶反应，使其脱去氨基，转化为尿嘧啶（如图2-2所示）。由于胞嘧啶是DNA分子的组成成分，上述亚硝酸的反应能彻底改变细菌DNA分子结构，使其无法正常解码复制。正因为如此，肉毒杆菌生存所必需的酶，尤其是脱氢酶和氧化酶的活性就会受到抑制。

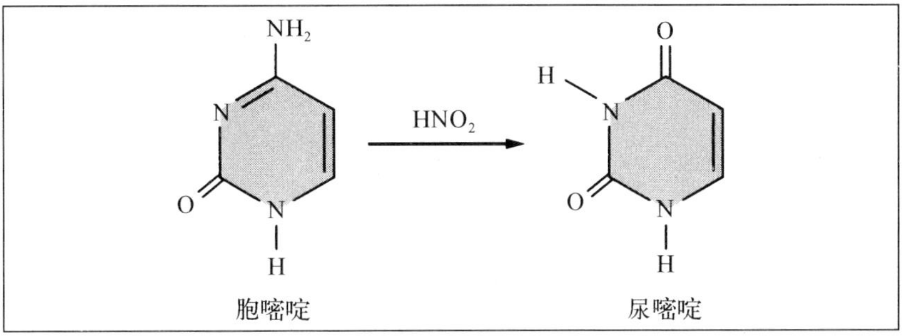

图2-2 胞嘧啶和亚硝酸反应转化成尿嘧啶

空气包装（简称MAP）理念是最近发明出的食品保存新技术。研究发现，可以通过选择适当的包装材料以及储存的气体来延长某些食品的保存时间。这一理念本身并不新奇。早在1795年，法国糖果制造商尼古拉（弗朗索瓦）·阿佩尔（约1750—1841）就发现了食品的真空包装法。虽然当时阿佩尔并不理解其中的科学含义，但他发现，如果将食品储存在隔绝空气的铁罐中，食物变质的概率大大降低。现在人们已经理解，微生物的生长繁殖需要氧气，真空包装可以隔绝空气中的氧，进而降低微生物排放到食物中的毒素。

有一些MAP技术就采用了阿佩尔当初的设计。食品储存在不透气的包装袋中，空气被全部抽出（也称真空包装）或者部分抽出（也称低压包装）。这两种条件下，氧气含量很低，微生物无法生长繁殖，活性大大降低。

还有一种MAP技术是将食物储存在不透气的包装袋中，之后充入氧气、氮气和二氧化碳的混合气体。高含氧量的混合气体（高氧MAP）多用于保存肉类。这种混合气体的组成一般为70%氧气，20% ~30%的二氧化碳，0~10%的氮气。高含量的氧气可以和肉制品中的肌红蛋白充分结合，产生标志性的鲜红色，让肉类看起来新鲜可口。如果包装气体含有二氧化碳或者氮气较多的话，其效果相当于真空或低压包装。氧气含量降低可以抑制微生物生长，延长产品保质期。此外，二氧化碳本身还有如下两种作用，使它成为名副其实的微生物杀手。首先，二氧化碳在水中水解生成碳酸（H_2CO_3），碳酸是一种弱酸,解离生成氢离子、碳酸氢根离子（HCO_3^-）和碳酸根离子（CO_3^{2-}），降低食物的pH值：

$$CO_2+H_2O \longrightarrow H_2CO_3 \longrightarrow H^+ + HCO_3^- \longrightarrow H^+ + CO_3^{2-}$$

由于pH值降低，细菌的生存、生长、繁殖都会受到抑制。其次，二氧化碳的所有形式（气体本身、碳酸以及解离生成的离子）都能参与微生物细胞的生理反应。有证据表明，这类物质能改变微生物细胞膜的渗透压，能够参与细胞膜中某些氨基酸的反应，抑制细胞新陈代谢反应中某些酶的活性。

尼古拉·阿佩尔（约1750—1841）

生活在21世纪的人们认为食品保存是轻而易举的事。全世界任何地方，人们随便走进一家商店，都能买到罐装、瓶装、冷冻、干燥等各种技术保存的食品。但是，在19世纪初，现在人们广泛使用的各种食品保存技术当时都还没有发明出来。罐装技术是第一种食品保存技术，是由法国厨师及糖果制造商尼古拉·阿佩尔（Nicolas Appert）发明的。

1750年（某些资料显示为1749年，也有资料认为是1751年），阿佩尔出生于法国马恩河畔的夏隆。他的父亲是一位旅馆老板，阿佩尔从小就接受了大量与厨师相关的职业培训。和别的厨师一样，阿佩尔对食品保存问题十分感兴趣，试验了许多不同的方法防止食物变质。而当时法国政府出于战争原因也刚好开始关注食品保存技术。1795年，拿破仑·波拿巴宣布，任何人只要能发明出一种保存食品的技术，就可以获得1.2万法郎的奖金，阿佩尔接受了这一挑战。他花费14年时间，尝试了各种方法，最后发现其中一种体系十分有效。之后他将开发出的这一体系送到技术及制造业咨询局检测并证明是成功的。1809年，他接受1.2万法郎的奖金，并且撰写了《能够将各种肉类和蔬菜保存数年的技术》一书，书中详细描述了这一技术，1811年得以出版。

实际上在当时还没有人进行过任何关于食品变质的实验，阿佩尔的研究没有任何理论背景。他只能单纯地一种方法接一种方法不停地尝试，直到发现有一种方法能有效阻止食物变质。这一方法就是先将玻璃瓶浸入沸水中，然后灌入食物，之后用软木塞、金属丝和封口蜡将玻璃瓶封住。只要操作正确，瓶中的食物可以保存数个月甚至数年。

阿佩尔的贡献在法国广为流传。1812年，国家工业奖励协会授予他金质勋章一枚，10年之后，他又被授予“人类社会功臣”的称号。阿佩尔还建立了一个商业性质的罐头工厂，该厂直到1933年才倒闭。但是阿佩尔的成功也不仅仅属于他一个人。他的成功和拿破仑密不可分，随着这位法国皇帝的垮台，阿佩尔的光环也开始衰退。拿破仑被推翻之后，大量工厂遭到破坏，1841年6月3日，阿佩尔死于巴黎附近的马西市，死时穷困潦倒一无所有。

前文描述的空气包装技术采用的都是惰性包装材料，一般是难发生化学反应的塑料材料，或者利用充入包装中的气体达到食物保鲜的目的。而最新的空气包装技术则采用“活性的”也叫“智能”型包装材料。材料中就包含一种甚至一种以上物质，逐渐释放到包装中进而降低食物变质的概率。

这种活性包装体系，在食品制造过程中就将抗菌物质加入包装材料中。比如，有一个研究将山梨酸和山梨酸钾加入密封蜡中，再用于密封奶酪，蜡中的化合物有助于杀死导致奶酪变质的真菌。这类添加剂常常结合在材料中，可以随着时间推移慢慢释放出来。有的时候，也会将添加剂固定在包装材料的内表面。当食品包上这种处理过的包装材料后，抗菌物质慢慢从包装中释放出来，浸透食品从而发挥保鲜作用。除了抗菌作用外，这类活性材料还能作为除氧剂（减缓食物自然分解过程）、干燥剂（降低包装中的湿度），还有除乙烯的功能（减少水果成熟过程中释放出的乙烯气体）。

活性材料这种技术出现还不到20年，但是已经带来许多问题，比如：应该使用何种抗菌剂以及什么样的包装材料比较适合？已知某种包装材料和抗菌剂，采用何种方法将其结合最好？什么条件下抗菌剂能够最好地发挥作用？为了回答这些问题，研究者尝试了各种抗菌剂以及各种物理性质的包装材料。比如，聚乙烯包装材料中常加入各种有机酸（山梨酸、苯甲酸和丙酸），纤维素材料中注入二氧化碳气体，离子聚合物中加入丙酸。最为有趣的一种研究思路是将微生物试剂加入可食用的包装材料中。例如，有一个实验是将吸附试剂加入可食用的生物高聚物中作为包装材料。这一研究思路的关键之处在于，要找到一种合适的抗菌剂和包装材料结合，使其不仅能够有效地抑制食物变质，同时要对人体无毒无害。

过去的几个世纪中，食品科学迅速发展，现在已经有许许多多化学物质供食品生产者用作微生物抗菌剂或者食品保鲜。此外，研究者还在不断地开发新的食品保存技术，如前文提到的空气包装技术，可能会给食品保存技术带来革命性的变革。

针对自降解的防腐方法

另一种食品变质的形式是由于食物本身的自然降解造成的。食物中天然含有的某些酶在氧气、水存在的环境下，与之相互作用，能将碳水化合物、脂肪、蛋白质及其他有机物分解为小分子化合物。这种形式的食物变质有许多外在表现。

其中变化之一就是食物会发出恶臭。脂肪和油脂类化合物分解为小分子的脂肪酸和甘油，这两种物质都能发出恶臭。丙三醇[$C_3H_5(OH)_3$]也称甘油，可以和饱和脂肪酸或者不饱和脂肪酸结合形成脂肪、油脂和酯类化合物等一系列物质，脂肪酸的化学通式为$CH_3(CH_2)_nCOOH$，其中n为12、14、16或者18。图2-3的化学方程式中，就是这类化合物在氧化酶或脱氢酶（与水作用）催化下分解为甘油和脂肪酸的过程。

这类化学反应生成的脂肪酸，一般都有异味，使得食物不能再食用。例如，黄油开始变质时，其中的脂肪酸酯发生脱氢或氧化反应，生成丁酸和其他有机酸，散发出古怪的味道。

脂肪和油脂转化成甘油和脂肪酸的脱氢或氧化反应过程十分复杂，能在各种催化剂作用下反应，比如非有机类催化剂（金属离子）、食物中含有的天然酶（脂肪氧化酵素）以及阳光等各种形式的能量，

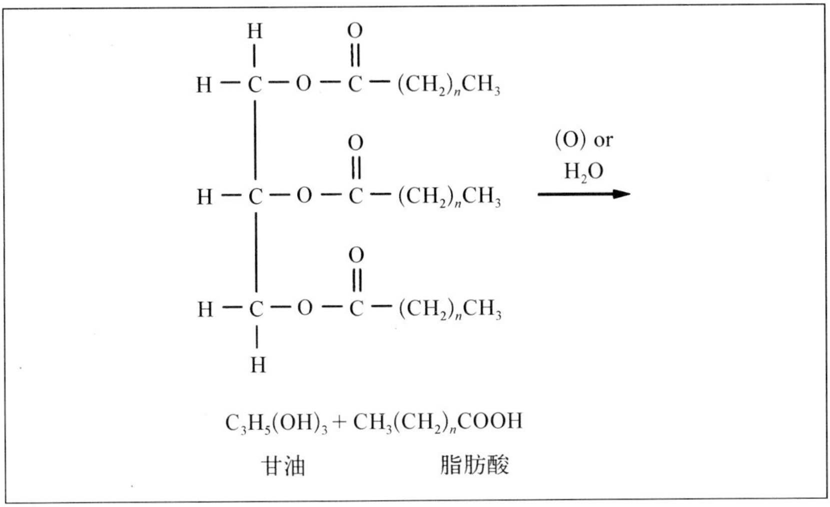

图2-3　酯类化合物的氧化或水解过程

都能催化这一反应。不管是哪种催化剂作用下，都能生成酯类游离子，进而形成酯类分子中的双键。酯类游离子是酯类化合物分子的一部分，包括一个未成对的孤电子。这种孤电子结构反应活性很高，能迅速和游离的氧气分子发生反应，生成另一种游离子，也称酯自由基。之后，酯自由基和其他酯分子反应生成过氧化酯类（这是酯类氧化反应的主要产物）和新的酯类游离子。因此，这一过程一旦开始进行就能一直自动进行下去。自氧化反应过程中的各步反应如图2-4所示。

化学家如果想阻止脂肪和油脂类化合物的分解，必须找到这样一种物质：1. 能和酯类游离子发生反应；2. 能和氧气反应。这两种反应都能中止上述自氧化反应过程。目前已经发现了许多种物质可以满足这两条或者其中一条要求。其中一些常用物

$$LH \xrightarrow[\text{叶绿素等}]{\text{金属催化剂，光照，}} L^{\cdot} + H^{\cdot}$$

酯类化合物　　　　　　　　酯类游离子

$$L^{\cdot} + O_2 \longrightarrow LOO^{\cdot}$$

酯自由基

$$LOO^{\cdot} + LH \longrightarrow LOOH + L^{\cdot}$$

过氧化酯类

图2-4　酯类化合物的自动氧化过程

质的化学结构如图2-5中所示。BHA和BHT是曾经常用的自由基清除剂，这两种都是化学合成试剂。而近几年来，人们更青睐一些天然物质，比如抗坏血酸（维生素C）或者某种生育酚（维生素E）。

还有一种自然变化也能影响食物的外观、气味和口味，那就是褐变反应。褐变是指水果、蔬菜以及甲壳类动物表皮被削掉或擦破时发生的变化。许多人在厨房里都见过这种变化。苹果、香蕉、土豆切开之后，会逐渐变成褐色，半个小时之内，看起来就不可口不好吃了。已知的褐变反应分为两种，即酶促褐变和非酶促褐变（也称梅拉德褐变）。

植物组织中自然生成的酶和蔬菜水果中的苯酚类化合物反应就会导致酶促褐变。聚苯醚就是一种这样的化合物，也称PPO。聚苯醚是一种含铜蛋白质，能迅速和植物中含有的苯酚类化合物比如酪氨酸或邻苯二酚发生反应。聚苯醚能催化两种反应：第一种是苯酚

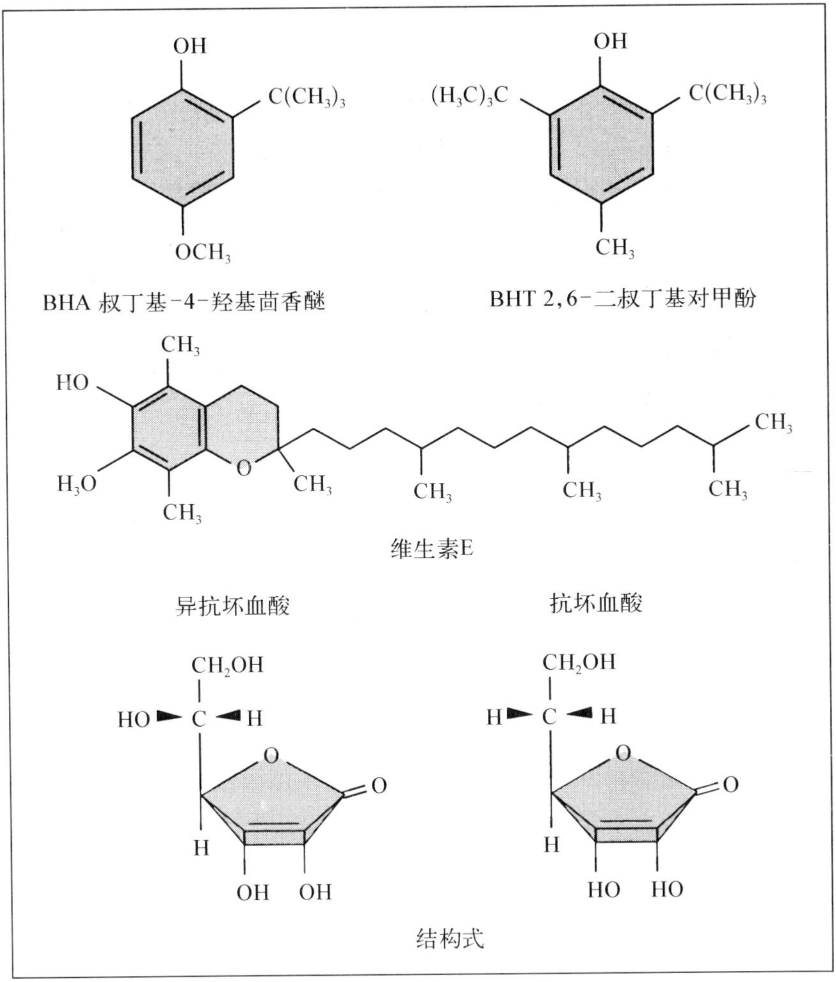

图 2-5　几种常见自由基清除剂的化学结构

类化合物转化为二元酚类化合物（如图2-6所示）；第二种是二元酚类化合物转化为醌类化合物。生成的醌类化合物发生聚合，就形成水果、蔬菜削皮之后的那种褐色色素。

亚硝酸盐是对付褐变反应最有效的食品添加剂。它可以和醌类化合物反应，阻止其聚合，进而抑制褐色物质生成。此外，还有一些物质也能抑制醌类化合物的聚合反应，比如抗坏血酸维生素C、柠檬酸、4-己基间苯二酚（4HR）以及乙二胺四乙酸（EDTA）。

食物中的糖和蛋白质相互作用时发生非酶促褐变（也称梅拉德反应），其过程十分复杂，包括二十四步。首先是糖中的羰基（>C=O）和蛋白质或者氨基酸中的氨基发生反应，生成水和糖甘胺。经过一

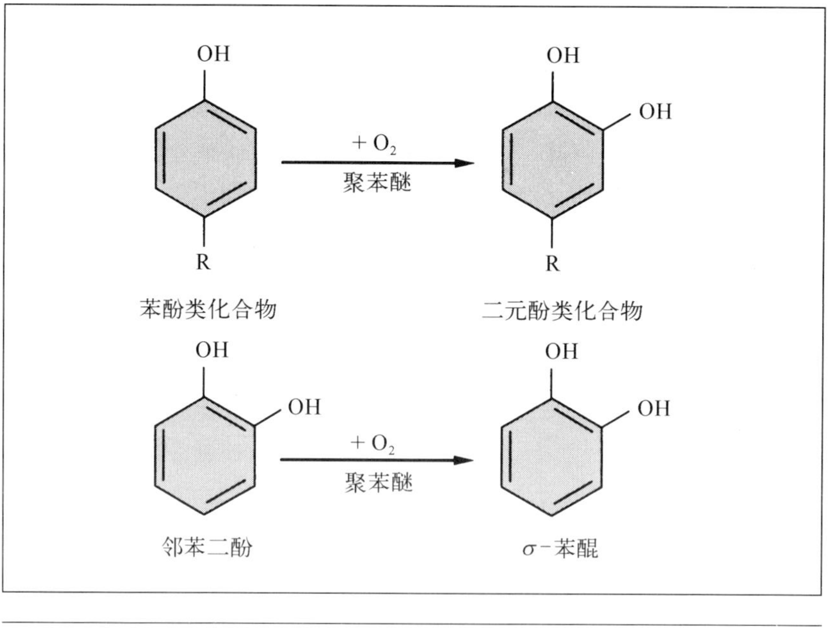

图2-6 酶促褐变

系列反应最后形成另一种褐色聚合物，蛋白黑素。反应的开始几步中，生成的化学物质使食物变成浅褐色，发出甜甜的味道，表明反应过程中生成焦糖。随着反应进行，食物的颜色越来越深，味道也变得越来越难闻。

非酶促褐变反应几乎无处不在，不管是生食还是熟食都能发生这种反应。这类褐变反应受温度影响很大，许多常用的烹饪手法和烘焙技术都能促进这一过程的发生。例如，糖溶化和烤面包时产生的气味和颜色，水果、蔬菜储存太久之后变色，都是梅拉德反应造成的。

亚硝酸盐可以有效抑制非酶促反应。它能和糖结合，使其不能再和氨基发生反应，这就从根本上抑制了梅拉德反应。其次，亚硝酸盐还能作为漂白剂，即使因为梅拉德反应产生了少量褐色色素，亚硝酸盐也能将其去除。亚硝酸盐是目前使用的唯一一种能抑制非酶促褐变的添加剂。

食物保存一直以来都和人类文明密不可分。如果没有保存食物的技术，人类只能在一年中某些特定时间才能吃到新鲜的食物。更可怕的是，人类有可能染上各种由食物变质而导致的疾病。食品化学家发现了种类繁多的化学物质可用于食品保存。这些化学防腐剂不仅拓展了可食用食物的范围，而且大大减少了可能由变质食物带来的疾病。有的评论家反对在食品保存过程中加入这么多的化学物质，他们认为这些化学物质可能导致过敏、癌症或者其他健康问题。而食品保存技术的发展目标就是，在保持这些防腐添加剂发挥功能的同时，不能给人类健康带来危害。

营养添加

有证据表明，20世纪美国人的健康状况有了长足的改善，其中营养缺乏类疾病的减少功不可没。营养缺乏类疾病大多由于人体摄入的某种或某几种营养物质不足造成，主要包括两类：一类是维生素摄入不足，比如糙皮病（烟酸摄入不足）、坏血病（维生素C摄入不足）、软骨病（维生素D摄入不足）、脚气病（硫胺摄入不足）、恶性贫血（缺乏维生素B_{12}）；另一类是微量元素摄入不足，比如贫血（缺铁）和甲状腺肿大（缺碘）。

20世纪初，营养缺乏都是导致人类疾病和死亡的主要原因。1902年在美国发现首例糙皮病之后，这种病在全美迅速蔓延，尤其是在南部。据报道，在随后的40年间，全美共发现300万例病例，其中10万人死于该病。1921年，软骨病是美国儿童中最常见的一种疾病，仅纽约市就有3/4的儿童感染此病。

人们花了两个世纪，才开始逐渐明白日常饮食中必须包含一定数量的某些物质（维生素和微量元素），否则就可能患坏血病、脚气病等疾病。第一位意识到这一点的人是苏格兰医生詹姆斯·林德（1716—1794），18世纪中期，他发现柠檬中含有能抗坏血病的“元素”。20世纪早期，人们发现了许多类似的营养“元素”。1912年，波兰裔美国生化学家卡西莫·芬克（1884—1967）给这类有机物取了一个名字叫维生素（英文为vitamine，其中字母e是后来加上去的）。

人们逐渐发现了这些人体必需的化合物，并且意识到它们对保持健康有重要作用，科学家立刻开始测定其化学结构并且在实验室中合成这类物质。1934年，英国化学家沃尔特·霍沃思爵士（1883—

1950）取得了重大突破，他成功地测出了维生素C（抗坏血酸）的化学结构并且在实验室中首次合成出了这种物质。这也是人类历史上第一次合成出了一种人体必需的物质，可以抵抗营养缺乏类病、坏血症。

接下来的10年中，科学家又测定出了以下4种维生素的结构，并在实验室中成功合成出来：1935年维生素A和维生素B_2（核黄素），1936年维生素B_1（硫胺），1938年维生素E。这些新发现彻底变革了食品工业。人类第一次仅仅通过在食品中添加各种化学物质就达到了避免某些疾病的目的。到1938年，面粉和面包生产商在政府鼓励下，将核黄素、烟酸、铁等物质加入产品中，使消费者可以免于某些营养缺乏症。5年之后，政府就不仅仅只是鼓励了，美国食品与药品管理局开始强制要求制造商必须添加这些物质。在政府的命令和各种鼓励政策的推动下，糙皮病、坏血病、脚气、贫血等疾病的患病率急剧下降。而现在，即使一名见多识广、经验丰富的医生都几乎没有再见到过这类疾病。

食品中加入维生素和微量元素有两个目的：一是修复，二是补充。首先，食品在加工过程中可能会损失掉某些维生素或者微量元素，修复就是将这些营养物质重新补充到食品中。比如面粉磨碎过程中，麦芽受到损伤，会流失一半的维生素和微量元素。强化面粉就是指补充等量维生素和微量元素之后的面粉。

其次，如果食物中本身不含某些维生素和微量元素或者含量很低的话，就需要补充这些物质。食盐中加碘化钾，面包中加铁，橘汁中补充钙都是出于补充的目的，给食物中补充维生素或者微量元素，一是为了让消费者有更多机会摄取到身体必需的营养元素，二是食品制造商可以借此提高产品的营养价值。

沃尔特·诺曼·霍沃思（1883—1950）

人们有时会对食品公司加入食品中的各种添加剂忧心忡忡。但是，有一种添加剂却是食品工业中对人类健康作出贡献的大功臣，那就是维生素和微量元素。然而，这却离不开20世纪初化学家的贡献，他们当时努力分析天然存在的维生素并测定其结构，进而使实验室中人工合成维生素成为可能。随着人工合成维生素的方法逐渐完善，这类物质才能在工厂中以较低的成本大量生产，进而作为食品添加剂被广泛使用。

英国化学家沃尔特·诺曼·霍沃思（Walter Norman Haworth）对此功不可没。1883年3月19日，霍沃思出生于英格兰西北部的乔利。14岁的时候，霍沃思离开学校开始在父亲的油布厂帮忙，从那时候起，他对油布制造中颜料的使用产生了浓厚兴趣。也正是工厂里的这些训练，使他在1903年通过了曼彻斯特大学的入学考试，之后开始跟着威廉·帕金学习，威廉·帕金的父亲曾经人工合成了紫红色素。1906年，霍沃思获得曼彻斯特大学的化学专业学士学位，并且获得哥廷根大学的奖学金，又用一年时间取得博士学位。之后霍沃思回到曼彻斯特大学做帕金的助手，4年之后，曼彻斯特大学也授予了他博士学位。

随后，霍沃思转入科学技术皇家学院教书，1912年，又转入苏格兰的圣安德鲁联合大学任教，他在那儿负责一个合成项目，为第一次世界大战提供化学试剂。战后直到1925年，霍沃思一直在达拉谟大学阿姆斯特朗研究院工作。之后，又转到伯明翰大学，在那里霍沃思完成了维生素C结构测定的大部分工作。1934年，他公开宣布已经测出了维生素C的化学结构，维生素C的分子结构相对比较简单，包括6个碳原子、6个氧原子和8个氢原子，中心是一个五元环，包含1个氧原子1个双键。由于这一贡献，霍沃思获得了1937年的诺贝尔化学奖。1947年被授予爵士爵位。

第二次世界大战期间，霍沃思再度开始关注战事，致力于铀的提纯，用于制造裂变式原子弹。1950年3月19日，霍沃思猝死在英国伯明翰市。

现在，许多食物都存在“营养过剩”的问题。食物中含有的维生素和微量元素的数量远远超过实际需要。例如，某些谷类早餐食品号称，它们能提供人体每日所需的全部维生素和微量元素。有时候，人们会通过这些标签来估计食品的价格，认为食品含有营养成分越多价格就应该越高。问题是，人们每日需要从各种食物中摄取维生素和微量元素，而不是（或者不应该是）仅仅从一种食物中得到所需的全部营养物质，不管是谷类早餐还是其他食物。

虽然存在营养过剩的风险，但是营养添加技术仍然是20世纪食品工业取得的最伟大的成就之一。现在的美国人完全不用担心患坏血病或者软骨病这类营养缺乏症，因为他们每日的食物中已经包含了对抗这类疾病足够多的营养物质。

市场促销

吃饭不仅仅只是为了生存而不得不进行的枯燥的行为。实际上，对许多人来说，吃饭都是一个非常愉悦的过程，食物的颜色、气味、口感、质地等性质都能给人带来愉悦的享受。生产食品的公司也十分明白这一点，他们发明出了各种各样的食品添加剂用以增加食物的吸引力。而出于这一目的加入食品中的添加剂，往往既不能增加食品的安全性，也不能增长其保质期，有时还会有一定安全风险。这些添加剂仅仅是使食物更好吃而已。

人们最早用于增加食物色、香、味的添加剂也是从自然界中获得的。历史学家能举出许多这样的例子，人们利用各种天然物质增加食物的好味道。其中玫瑰花瓣可以将食物染成诱人的亮红色，靛青石增加蓝色，藏红花的黄色，菠菜汁能提供绿色，紫罗兰的紫色，纯金或纯银能增添金属光泽。

直到19世纪晚期，化学家才开始合成人工添加剂用以改善食物的色香味。该领域第一个突破是在1868年，威廉·帕金爵士（1838—1907）测定了香豆素的结构，香豆素是一种苯系化合物，味道清新宜人，有新割下的青草味。之后，帕金将这种物质推向市场，这也是首例人工合成香料，标志着合成香料工业开始起步。除了气味宜人之外，香豆素的味道类似香草，在很长一段时间广受欢迎，作为第一种人工合成香料，完全取代了昂贵的天然香草豆。直到20世纪20年代中期，人们发现香豆素对肝脏和脾脏有害，这种物质才逐渐退出市场。不久之后，德国科学家费迪南德·蒂曼（1848—1899）和法国化学家威尔海姆·哈门莱梅（1847—1931）所在的研究小组测出了另一种化学物质香草醛的结构，香草中正是由于含有这种物质才散发其特有的香味。科学家开始大量生产香草醛作为合成香料，用以代替天然产物。

在早期香料工业的历史中，有机酸的烷基酯类化合物性质的测定是里程碑式的事件，有机酸的烷基酯类化合物是醇类化合物（甲醇）和有机酸类化合物（比如丁酸）反应生成的。这类化合物的气味和味道与许多天然产物十分类似。邻氨基苯甲酸甲酯是人类发现的第一种此类化合物。据说是由德国化学家在寻找香料的过程中偶然发现的。只要有这种酯，整个房间都会弥漫着葡萄的香味，十分适宜用作食品香料。酷爱牌葡萄汁的味道也是因为加入了这种酯。

现在，香料化学家已经开发出多种烷基酯用作人工香料。其中一部分是从相似的天然产物中提取出来的，另一部分则是人工合成的。表2-2中列出了一些现在广泛使用的合成香料。

表2-2　一些有特殊味道的烷基酯化合物

酯的名称	味　道	酯的名称	味　道
丁酸甲酯	苹果味	甘油酸甲/乙/苯酯	草莓味
丁酸乙酯	菠萝味	氨基苯甲酸乙酯	康考特葡萄味（美洲产的一种葡萄）

续 表

酯的名称	味　道	酯的名称	味　道
乙酸戊酯	香蕉味	甲酸异丁酯	覆盆子味
乙酸异戊酯	梨味	甲酸乙酯	朗姆酒味
丁酸戊酯	杏味	水杨酸乙酯	冬青树味
乙酸辛酯	橘子味	乙酸甲/苯酯	茉莉花味

虽然烷基酯类化合物气味浓郁，但是最受欢迎的香料添加剂还是醛类化合物。按年使用量多少列出一些醛类化合物如下：乙基香草醛其香草醛（3-甲氧基-4-羟基苯甲醛，香草味）、肉桂醛（肉桂味）、苯甲醛（樱桃味）。

食品和药品管理局规定了作为食品色素添加剂的9种合成化合物以及21种天然物质的使用。这些物质列于表2-3、表2-4中。

添加剂主要用于增强食物的某种味道，增添色泽。此外，食品生产者还会添加许多其他物质，包括天然物质和人工合成物质以提升食物的其他属性，延长食品保质期，使食物使用起来更方便快捷。例如：酸化和碱化剂、漂白剂、乳化剂、固化剂、保湿剂、发酵剂、稳定剂、表面活性剂和增稠剂。

酸化剂或碱化剂加入食物中是用于提高或降低食物酸度。醋酸、乳酸、山梨酸和酒石酸用于提高酸度。碳酸钠、碳酸钙、碳酸氢铵用于降低或者中和酸性。

分散剂，如名所示，用于防止食物结块。分散剂主要用在制盐业中，例如铝硅酸钠主要用于防止运输和储存中食盐结块。此外，硅酸钙和柠檬酸铁铵也是常用的分散剂。

表2-3　主要的天然色素和合成色素

天然色素	合成色素	天然色素	合成色素
胭脂树提取物	蓝1号染料	乙酸甲/苯酯	
β-阿朴-8′-胡萝卜素醛	蓝2号染料	花青素	
β-胡萝卜素	绿3号染料	葡萄皮提取物	
牛肉粉	红3号染料	辣椒提取物	
类胡萝卜素	红40号染料	辣椒红色素	
焦糖色素	黄5号染料	核黄素	
胡萝卜油	黄6号染料	藏红花	
胭脂虫提取物	橙色素B	二氧化钛	
棉籽粉	柑橘红2号染料	姜黄	
葡萄糖酸亚铁		姜黄色素	
果汁		蔬菜汁	

色素名称采用《食品、药品和化妆品法案》中规定的食用色素编号系统命名。

氯、二氧化氯、过氧化苯甲酰是常用的漂白剂，用于漂白食物，增加白度。漂白剂主要用于漂白面粉和谷类食品。

乳化剂的主要作用是使水溶性食物和油溶性食物融合形成悬浊液，比如油和醋相溶制成沙拉调味汁。乳化剂多用于烘焙工业，可以控制面包、蛋糕等产品的大小和质地，增加食品的松软度和体积，延长食品保质期。常用的乳化剂有聚山梨醇酯、山梨糖醇酐单硬脂酸酯、单甘油酯、甘油醋酸酯、甘油乳酸酯、甘油柠檬酸酯、甘油脂肪酸酯等。

表2-4　经核准的香料添加剂举例

天然物质	合成物质	天然物质	合成物质
芦荟油	丁酸苯基甲酯	金合欢	壬酸异戊酯
黑莓皮	丙酸肉桂酯	鸢尾根	肉桂酸甲酯
布枯叶	异戊酸环己酯	白坚木皮	氨基苯甲酸酯
蓖麻油	癸二酸二乙酯	大黄	山梨糖醇酐单硬脂酸酯
荜澄茄	丙酮酸乙酯	虎尾松	十一烷醇
葡萄风信子	甲酸香叶酯		

数据来源:《美国联邦法规》21卷，第一章，172部分。网址：http://lula.law.cornell.edu/cfr/cfr.php?title=21&type=part&value=172.

固化剂的功能也正如名字所示，能维持食物酥脆或者坚硬的结构。水果、蔬菜在收获之后常常会变软，常常加入固化剂作为食品添加剂。此外，果冻和果酱中也会加入固化剂保持凝冻状态，可避免其变成溶液。最常用的固化剂是钙盐，比如重亚硫酸钙、柠檬酸钙、柠酸钙、硫酸钙、葡萄糖酸钙等。

保湿剂加入食品中可以保持湿度。这类添加剂能和水形成弱化学键，避免食物干燥或粉末化。常用的保湿剂有乙二醇烯、山梨醇、甘露醇、甘油、聚葡萄糖。

发酵剂经过一系列化学反应可以生成二氧化碳气体。生成的气体受热膨胀形成小泡泡，使产品“膨胀”发酵。酵母菌是曾经使用最广泛的发酵剂，但其活性很不稳定，依赖于酵母菌的培养时间、温度、食物的性质等各种因素。而现在使用最广泛的发酵剂是弱酸盐，弱酸盐水解（即和水反应）生成氢离子。常用的发酵剂有碳酸氢钠（小苏打）、硫酸铝钠、磷酸氢钙、硫酸铝、磷酸铝。

稳定剂加入食品中可以保持产品聚合的状态或者使其保持不同的性状。许多情况下，稳定剂也能发挥乳化剂的作用，能使两种不相溶的物质保持均一稳定的分散状态。常用的稳定剂有：碳酸钙、碳酸氢钙、醋酸钙、柠檬酸钾、酒石酸钠和丹宁酸。

表面活性剂可以改变液体或半固体食物的表面性质，产生各种各样的效果。例如，表面活性剂可使食品产生气泡或者降低其表面的泡沫。此外，还能用来使黏稠的食品不至于黏在出售的包装盒上，比如花生酱中就需要加入表面活性剂。常见的表面活性剂有硬脂酰乳酸钠和硬脂酰乳酸钙、石油及其他蜡状物、聚山梨醇酯。

黏稠剂用于增加食品的黏稠度（黏稠度指其流动性）。多用于沙拉调味汁、软干酪、沙司、冰激凌、冷冻水果，以及其他液体或半固体食品中，以求达到理想的黏稠度。瓜尔胶、阿拉伯树胶、黄蓍胶等天然橡胶物质是常用的黏稠剂。各种淀粉类物质也常用作黏稠剂，比如磷酸化淀粉磷酸酯、磷酸化二淀粉磷酸酯和氧化羟丙基淀粉。人工合成的黏稠剂也有很多，例如甘油硬脂酸酯、甘油硬脂酸二酯、硬脂酰-2-乳酸钠、硬脂酰-2-乳酸钙、聚甘油乳酸质（PGM）。

世界各地的消费者现在都能买到添加了各种添加剂的食品，这些添加剂多用来提高食品的色香味和其他各种性质。食品化学家仍在继续努力寻找新的方法，使食物越来越诱人，越来越吸引消费者。随着人们对于食品添加剂的研究，我们可以断言，到了21世纪中期，食品店中的商品一定比现在的种类更为繁多。

食品添加剂的相关法律

如第一章所示，美国与食品添加剂相关的基本法律有许多，第一章中提到的就有《纯净食品法》（1906年）、《联邦食品、药品和化妆品法》（1938年）、《食品添加剂修正案》（1958年）、《色素添加剂修正案》（1960年）、《食品质量保护法案》（1996年），根据这些法律将食品添加剂分为四大类：一般认为安全的食品添加剂（GRAS），先前核准的食品添加剂，色素添加剂和其他食品添加剂。

在《食品添加剂修正案》（1958年）中，为了减轻美国食品和药品管理局的负担，规定了GRAS类添加剂，法案规定只有安全无害的物质才能加入食品中。在法案的指导下，食品和药品管理局列出了可用作食品添加剂条目（简称GRAS条目），其中的物质必须经过充分检验证明对人体安全无害才允许用作添加剂。条目中列出的每种物质都被允许用作食品添加剂，除非有新的证据证明该物质会对人体健康构成威胁。1958年，食品和药品管理局在《联邦公报》发布了第一份GRAS条目。其中共包括200多种物质，除了常见的盐、胡椒、糖、醋、小苏打之外，还列有许多其他一般认为安全的食品，但是法案强调这些物质“需要在监督下使用”。其中有些最初列入GRAS条目的项目，由于有了新的证据表明对人体健康有害，之后又被从GRAS中删掉。尽管如此，现在食品和药品管理局的GRAS条目中仍然有2 000多种物质。

第二大类物质称作先前核准的食品添加剂，也是1958年法案中提出的，其中的物质都是政府在法案通过前就已经专门批准允许使用的食品添加剂。其中包括许多常见的无机物，比如磷酸钙、油酸盐、醋酸盐和硬脂酸盐，油酸钾和醋酸钾、焦磷酸钠和醋酸钠。从商业角度来看，这类物质中最重要的要数亚硝酸钠和亚硝酸钾，这是广泛使用的肉制品防腐剂。

《色素添加剂修正案》（1960年）对色素添加剂进行了专门规定。里面详细规定了哪些物质不需经过别的检测就可直接用作色素添加剂（免检物质）以及哪些物质需要经过进一步的检测才能使用（待检物质）。

第四类食品添加剂中包含的物质，人们对其安全性及对人体健康影响知之甚少。比如，设想一家公司发现或发明了一种可以作为食品添加剂的物质，但是还未检测其对人体的影响。如果想要按照食品和药品管理局的规定将其用作食品添加剂的话，公司必须经过一些特定的检测步骤。具体流程如下所示：

1. 食品和药品管理局检查提交上来的新食品添加剂的化学信息。

2. 食品和药品管理局研究其可能对人体造成的影响，判断是否适合用作食品添加剂。根据研究结果，食品和药品管理局按最大值给出一个初步的日摄入量（简称EDI）。

3. 公司提交该产品用作动物检测之后的实验结果。结果包括使用该化学物质之后，有多少动物死亡（如果有的话）以及有多少动物出现了健康问题（如果有的话），比如患了癌症。关于对这些研究的规定详见食品和药品管理局出版的食品配料安全性的毒物学纲要一书，人们一般称为“红宝书”。

4. 根据公司的研究报告，食品和药品管理局定出“最高无害水平”，即按照最敏感、寿命最长、与人类亲缘关系最近的动物为标准的话，安全的摄入量为多少。

5. 随后，食品和药品管理局计算出该添加剂的日摄入量，根据“最高无害水平”划分其是否为“安全无害”的，一般标准为100。

对公司来说，上述审批流程不仅历时漫长，程序复杂，而且费用高昂。想得到审批结果有时候得等上10年甚至更长时间。

真正致命的物质绝对不会被通过，主要需审核的问题是待测物质是否会造成致突变作用、畸变（致突变作用是指导致生物物种的突变，畸变效应指致使生物后代有出生缺陷）或者其他不良影响，进而导致实验动物及其后代患癌症。1958年通过的食品添加剂法案专门就这一问题作出详细规定，为了纪念当时提出这一法案的纽约国会议员詹姆士·德莱尼，此法案也称“德莱尼修正案”。《德莱尼修正案》规定，禁止使用一切对实验动物有致癌作用的食品添加剂或其他物质，不管其用量多少。

可以试想一下这样一个例子，某种化学物质在实验中每日喂食老鼠50克，结果导致老鼠患了癌症。而如果此物质用作食品添加剂的话，可以肯定这个剂量远大于任何成年人每日可能摄取的数量。但是由于其在实验中对老鼠造成的不良后果，这种物质肯定会被禁止作为食品添加剂使用。也正因为这一法案决不允许化学物质有任何不良作用，因此也被称作“零标准法案”。其实《德莱尼修正案》遵循的逻辑是这样，一种化学物质一旦被人体摄入，即使是很少的剂量，任何人都没有100%的把握可以说20年、30年甚至更多年之后，它不会导致癌症。德莱尼提议，一种物质一旦能使实验动物致癌，就绝对不能允许人类使用。

1996年的《食品质量保护法》对《德莱尼修正案》做出修正，放宽了用于农药的化学物质的检测标准，但是对食品添加剂的相关规定没有任何改动。《德莱尼修正案》的反对者建议新提出的农药的检测标准“基本确定无害”是一个更实际的标准，也应该用于食品添加剂。但是，尽管有许多人也认为对食品添加剂的使用标准规定得过于严格，但是修正案仍然继续沿用了从前的零标准设定。

食品添加剂的安全问题

世界各国像食品和药品管理局这样的政府机构已经竭尽努力确保加入食品中的化学物质不会给食用者带来任何健康问题。消费者基本可以确定这些用于保存食品、增添其色香味口感、提高食物各种各样属性的化学物质不会致死、致癌，不会影响他们后代的健康，也不会导致任何健康问题。

但是，食品添加剂并非零风险。主要的临床问题就是，这些加入食品中的化学物质很可能使一小部分人产生过敏反应。某些小众人群对最常见的食品添加剂都有过敏反应。有的人对色素添加剂或香料过敏，有的人对防腐剂比如亚硝酸盐、聚山梨醇酯过敏，几乎只要是你能想到名字的合成添加剂，就有人会对其过敏。食品添加剂导致的副作用从皮疹、麻疹到头晕、恶心。虽然，这些不舒适的情况有时十分严重，但是仅仅在非常极端的情况下，才有可能危及生命。表2-5中列出了常见食品添加剂可能导致的过敏反应。

表2-5　对一些常见食物添加剂的过敏反应

食物添加剂	过敏反应
阿斯巴甜糖	皮疹，麻疹，组织红肿
苯甲酸钠/钠丙基	哮喘，麻疹，皮肤红肿
珊瑚虫红	从麻疹到过敏性休克、各种过敏反应
黄5号色素	麻疹
乳糖	消化问题（对乳糖过敏的人）
谷氨酸钠（简称MSG）	头疼，胸闷，脖子、脸僵硬
菌蛋白	恶心，呕吐，腹泻，麻疹
亚硫酸盐	麻疹，皮肤瘙痒，肺过敏，哮喘

但是，有一种食品添加剂确实会导致严重的健康问题，那就是亚硝酸盐。亚硝酸盐类物质广泛用于保存肉类，保持新鲜肉类的粉红色。亚硝酸盐用作食品添加剂时，会发生一系列化学变化，生成有害物质。关键问题在于亚硝酸基团（NO_2）会和肉制品中蛋白质的氨基（NH_2）反应，反应生成亚硝胺，这种化学物质含有$=N-N=O$基团。图2-7就是某种亚硝胺的结构。

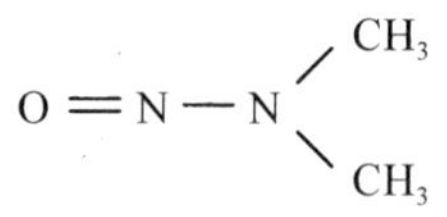

图2-7　N-二甲基亚硝胺的化学结构

亚硝胺是众所周知的致癌物质，通常情况下不能被允许作为食品添加剂使用。但是一直以来食品和药品管理局都允许使用亚硝酸类物质，这是因为亚硝酸盐能有效抑制梭菌属肉毒杆菌的生长，这种物质直接导致能致死的波特淋菌中毒。食品工业方面的专家称目前为止，还没有一种令人满意的物质能够取代亚硝酸盐。

现在，开发新型食品添加剂的相关研究还在继续。食品技术员一直在试图寻找一种手段，使我们的食品吃起来更安全，看起来更有吸引力。1999年，澳大利亚墨尔本大学的一个研究小组宣布他们研究出一种新的添加剂可以有效减少蛀牙。这种新产品叫做吉百利，是含磷缩氨酸酪蛋白（简称CPP）和磷酸无定型钙（简称ACP）的混合物。CPP是从酪蛋白中提取得到。牛奶中就含有酪蛋白，它可以维持钙离子和磷酸离子的混合液的稳定性，而这两种物质正是形成牙齿珐琅质的元素。食品、口香糖、牙膏等物质中加入吉百利之后，不仅可以保护牙齿避免蛀牙，而且还可以修复已经受到损伤的龋齿。

食品添加剂的使用历史可以一直追溯到人类社会早期。之前的漫长岁月，食品添加剂的唯一用处就是保存食品。20世纪开始，食品添加剂开始有了多种用途，其中最重要的就是出于营养目的使用添加剂。

人工合成维生素和微量元素的重大突破，使得食品添加剂开始有提高食品营养的作用，也大大减少了困扰人类许久的营养缺乏症的问题。现在，对食品添加剂的主要关注点在于新型化学试剂的开发，这些化学药品用来增加食品的色泽、味道、口感、保质期等各种性质，引起了社会的高度关注。食品化学是当今社会化学研究中最引人注目的领域，为研究者提出了各种挑战，促使他们开发出更有效更诱人的食品添加剂用于将来的食品生产中。

三

合成食品

几十年来，食品化学家取得了辉煌的成就，其中最重要的贡献就是合成食品的发展。合成食品指人工合成的非天然食品。第一章中提到的人造奶油就是合成食品的典型例子。自然界中并没有人造奶油这种物质，完全是由食品化学家合成出来，是天然奶油的替代品。任何一家小食品店都陈列着种类繁多的合成食品，从软饮料到速食早餐再到人造鸡蛋都是合成食品。合成食品的营养价值是营养学家和公众一直以来激烈争论的焦点问题之一。

给合成食品下定义并不像上文所说的那么简单。现在市场上销售的食品从纯天然食品到100%的合成食品都有。纯天然食品主要是蔬菜水果类食品，不经任何人工方法加工。而市面上出售的其他食品则或多或少都经过加工。就拿食盐来说，市场出售的食盐很少是纯天然的100%的氯化钠，其中至少还包括另一种化学物质，即出于营养目的而加入的碘化钾。也有一些食品完全是人工合成的。比如人造食品并不是100%的人造食品，因为其中还含有谷类、植物油等等天然物质，但其主要成分不是有机物，而是和天然物质没有一点儿关系的合成物质。

合成食品受到消费者和食品生产商的青睐有三个主要原因：方便、易储存且价格低廉。现代社会许多家庭的一日三餐都吃得十分匆忙，因此他们希望食品方便快捷，准备起来快捷不费事。他们不喜欢烤肉烤鱼，炖煮土豆蔬菜，也懒得准备甜点。而大部分合成食品只需要加加热就可以端上餐桌，因此受到人们的青睐。此外，合成食品中包含的天然产物成分很少，可以储存更长时间。片刻之间，就可以买来做好供人享用。而且，合成食品一般来说比天然食品便宜很多。还是举人造奶油的例子，一份既包括天然成分也包括合成成分的人造奶油售价仅几美分，而完全从牛奶制得的天然奶油则价格不菲。

现在人们对合成食品的疑虑并不是因为它是人工合成的，而是质疑其营养价值。合成食品方便快捷和价格低廉的优点能否弥补其对人体健康带来的不利影响？下面我们就以以下这几类主要的合成食品为例，探讨一下这一问题：甜味碳酸饮料、人工合成的甜味剂和人工合成的脂类产品。

最成功的合成食品：汽水

汽水的主要成分有：主成分水、二氧化碳、合成色素、合成香料以及其他成分。汽水在不同国家有不同的名字：汽水、苏打饮料等。

汽水也称碳酸饮料，虽然有的时候碳酸饮料一词也指某些非碳酸类饮料。

汽水可能是世界上第一种纯人工合成食品，化学成分十分简单。汽水喝起来舌头有刺刺的感觉，主要是因为其中含有碳酸（H_2CO_3），碳酸是二氧化碳溶于水生成的。饮料的颜色和味道完全取决于其中加入的化学物质，食品化学家开发出各种有机酯类醛类等物质来模拟自然界中各种水果和植物的味道和气味。各种不同饮料的不同味道也正是由于加入的各种化学物质种类和配方不同造成的。有的饮料公司十分看重自己的产品配方，尤其是广受欢迎的饮料的配方更是看作专利机密。当然这个秘密也不过只是一张写着各种化学物质比例的单子。

汽水是在没有味道的纯水中加入二氧化碳气体制成，据说世界上第一杯汽水是由英国物理学家和化学家约瑟夫·普里斯特利（1733—1804）制得的。在他长达1 772页的研究报告中，普里斯特利写道："在水中压入压缩空气"（"压缩空气"是二氧化碳最初的名字），得到的产物有着"奇妙的、令人愉悦的口感"，"清冽而略带酸味"。而且他还预测说这种产品将会"十分对人的胃口"。普里斯特利甚至预言可以将这种碳酸水加入跑了气的啤酒中，一定能使啤酒恢复如新而且丝毫不影响其口味。

历史上第一种商业化的碳酸饮料产品可以追溯到18世纪90年代。当时，德国有一位手表制造商吉恩·雅各布·思维普（1740—1841），十分热衷于发明，他将水和二氧化碳混合制成一种口味奇妙的饮料，试图模拟当时风靡欧洲的矿物质泉水，该泉水有医疗作用，被许多欧洲人用来治疗身体疾病。1783年，思维普开办了一家小工厂生产这种罐装饮料。根据1798年的一份广告来看，思维普应该是首次使用“汽水”一词的人。

而在美国，第一个生产“模拟温泉水”的专利于1809年授予了名叫约瑟夫·霍金的英国人。霍金和他的搭档科恩开办了一家工厂专门生产出售碳酸饮料，工厂名叫费城矿泉水公司。但是这家工厂很快就倒闭了。

汽水在美国慢慢流行开来，而当时其流行的主要原因却是推广商宣称这种饮料有保健作用，可以治愈疾病增进身体健康。不管是配方师还是家庭作坊在生产这种饮料时，除了加入水和二氧化碳，还常会加入各种天然保健成分，比如桦树皮、植物根、撒尔沙植物、水果提取物等。

史料表明，美国汽水生产历史上最重要而且有着深远影响的一个重大发明是在1886年。那一年，亚特兰大州一名药物学家约翰·史蒂斯·帕姆伯顿（1831—1888）开发出了一种新的饮料，这种饮料最终演化为著名的可口可乐。该饮料包括咖啡因、香草提取物、古柯叶提取物、柠檬酸、酸橙汁、糖、橙油、柠檬精油、肉豆蔻精油、肉桂精油、胡荽精油、橙花精油和酒精。帕姆伯顿在自己家后院小作坊的炉火上制成了这种混合液，放在自己的小药店里出售，号称这是一种大脑和神经保健品。

帕姆伯顿家的生意起初业绩平平，平均每天售出不到一打，第一年全年的营业额仅为50美元（广告费却花了73.96美元）。帕姆伯顿的会计建议他把饮料的名字改叫可口可乐，暗指饮料中的两种主要成分，即古柯叶和可乐果，咖啡因就是从可乐果中提取出来的（可乐中的第三种主要成分毫无悬念，是酒精）。和当时流行的许多其他专利药物一样，帕姆伯顿家的可口可乐可能会在某种程度上使人感觉好一点，但并不是因为它能治疗什么疾病或改善身体不适，而纯粹是因为饮料中含有可卡因、咖啡因和酒精。

现在，可口可乐公司是全世界最大最成功的商业公司之一，近200多个国家都有分厂，每日生产出大量的软饮料。2006年，可口可乐公司全世界的总销售额为24.09亿美元，净收益5.08亿美元。当然，可口可乐并不是消费者可以买得到的唯一一种苏打饮料。许多其他品牌也一直在开发各种受人们青睐的碳酸饮料。

汽水及其营养价值

近年来，有些人开始质疑汽水的营养价值。他们认为，如果一种食品基本没有或者只有很少的营养价值，那就不能称其为食品。如前所述，汽水的配方中包括水、溶于水的二氧化碳、人工香料、人工色素及其他物质，其中其他物质主要是糖和糖的替代品。而有讽刺意味的是，正是汽水中最“天然”的物质糖和有热能的甜味剂受到了最多质疑。

现在汽水成为消费者购买最多的饮料，特别是受到孩子和年轻人的欢迎。许多研究结果发现，一般消费者，尤其是孩子和年轻人，逐渐地习惯从喝牛奶改成了喝汽水。2006年的美国统计数据表明，全美人均消费牛奶的数量，从1980年的每人每年27.6加仑降到了2003年的21.6加仑，降幅达22%。相反，碳酸饮料的人均消费量则从1980年的每人每年35.1加仑增长到2003年的46.6加仑，增长率高达32%。

许多营养学家也开始关注这一趋势，于是他们常告诫消费者用碳酸饮料取代牛奶可能带来各种健康问题。而软饮料生产厂家则反驳说，汽水本身并不是一种有害饮料。他们还说，事实上碳酸饮料还对身体有好处。比如，可口可乐公司在其网站上发文，从两个方面说明软饮料对人体健康有利。首先，它能提供人体每日保持健康必需的2公升水分。其次，软饮料能为人体提供碳水化合物，迅速供给身体能量。汽水公司还指出，汽水中的糖和咖啡因含量很少，多数情况下都比其他流行饮料中的含量少很多。

营养学家又回应说，碳酸饮料本身确实无害。比如美国饮食协会的立场是，"饮用软饮料和食用其他食物一样，只要饮用适度，也可以视为健康的饮食习惯"。但是，美国饮食协会也指出，不管孩子还是成人，饮用碳酸饮料还是不如喝牛奶果汁等饮料健康。就这一问题，美国饮食协会最终给出如下建议："没有必要完全不喝软饮料，但要尽量从其他食物中摄取营养物质，而且，一定要控制热量的摄入量。"

也有一些营养学家对儿童和年轻人持续增长的碳酸饮料消费量忧心忡忡，公共利益科学中心（简称CSPI）指出，现在碳酸饮料已经成为美国人饮食中精制糖的主要来源。平均来说，未成年男孩平均每日从碳酸饮料中获取的糖分为15汤匙，女孩为10汤匙。这个数量已经基本等于农业部推荐的未成年人每日需要的精制糖数量。

不管怎么说，碳酸饮料都是导致美国成人和儿童日益严重的肥胖问题的主要原因之一。美国未成年人每日摄入热量的8%—9%都由碳酸饮料而来（这一数据中还包括一些从来不饮用碳酸饮料的人），在饮用碳酸饮料最多的10%的未成年人里这一比例高达18%。这就引发我们必然的疑问，引用汽水在多大程度上导致了这些未成年人的肥胖问题。

精制糖是比肥胖更大的健康隐患。其中最严重的就是可能导致心脏病，心脏病也是目前美国死亡率排名第一的疾病。许多临床医师都认为糖可能是导致心脏病的重要因素之一。

此外，只要饮食习惯健康，适度饮用碳酸饮料对身体无害，但是问题是许多人逐渐开始用碳酸饮料代替了更健康的饮料。这场战役中的"失败方"之一就是牛奶，随着碳酸饮料销量步步高升，牛奶的销量一落千丈。孩子和年轻人喝的牛奶越来越少，摄取的建构骨骼和牙齿的钙质也越来越少，患骨骼疏松症等骨骼类疾病的风险逐年增长。

最后，某些极端情况下，汽水还会给某类人带来健康隐患。比如，流行饮料中5/6都含咖啡因，可能导致神经疾病、过敏、失眠、急性心脏病等疾病，而且某些用于增加饮料口味和气味的食品添加剂还可能导致某些人群有过敏反应。

碳酸饮料工业的发展为致力于推动全民健康运动的人提出了挑战。这类食品的商业价值不言而喻，而其营养价值却有待商榷。一方面面对强大有力的广告冲击和欣欣向荣的饮料工业的阻挠，另一方面又想推动健康的饮食运动，营养学家面临着进退两难的困境。

有热能的甜味剂

甜味剂分为两大类：有热能甜味剂（也叫营养甜味剂）和无热

能甜味剂（也叫无营养甜味剂）。有热能甜味剂是纯天然产品，比如蔗糖、果糖、葡萄糖、山梨糖、甘露醇等，每克能提供2.6~4卡路里热量。无热能甜味剂是人工合成的甜味剂，比如糖精、阿斯巴甜糖，基本不含或者含很少量的卡路里。无热能甜味剂也称合成甜味剂或替代糖。图3-1是美国1970—2000年间精制糖和其他有热能甜味剂消耗量的变化趋势。图中给出3种主要甜味剂：甘蔗或甜菜中提取出的精制糖；玉米甜味剂，包括葡萄糖和右旋葡萄糖；高果糖含量的玉米糖浆。

除非特别指出，本书中"糖"一词就是专指二糖蔗糖，化学结构如图3-2所示。二糖分子中包括两分子相互键合的单糖。比如蔗糖分子中包括两分子葡萄糖（也称右旋糖、玉米葡萄糖）。因此一分子

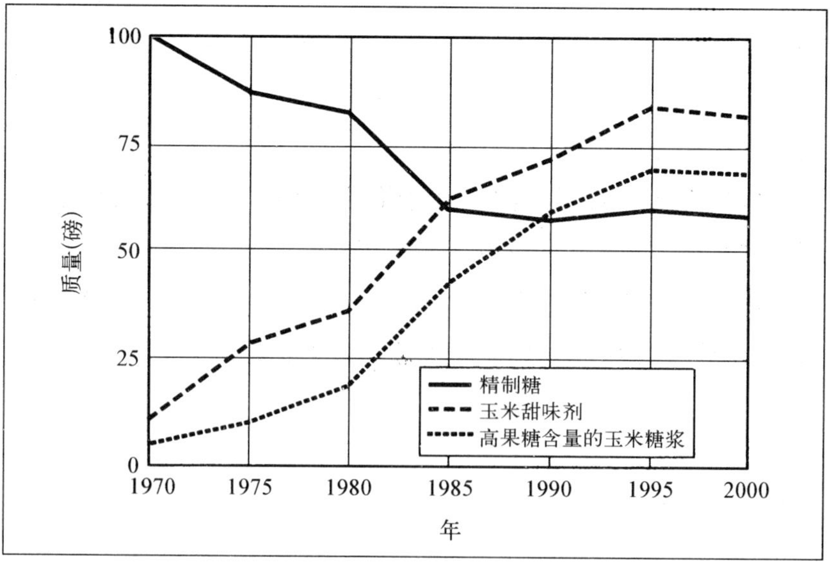

图3-1　人均消耗有热能甜味剂的数量

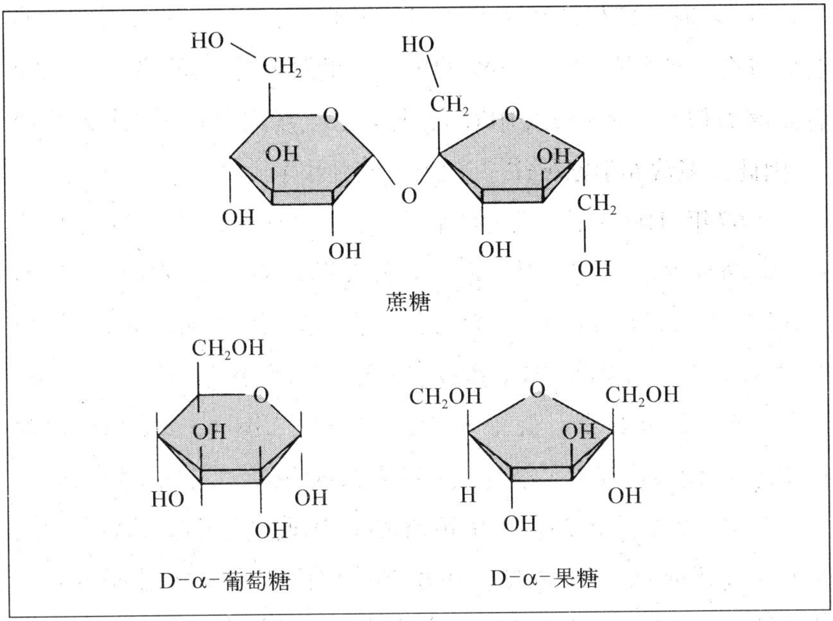

图3-2　3种糖的化学结构：蔗糖、葡萄糖和果糖

蔗糖新陈代谢能生成两分子葡萄糖，释放出能量供人体使用：

$$C_{12}H_{22}O_{11} + H_2O \longrightarrow 2C_6H_{12}O_6$$

蔗糖　　　　　葡萄糖

葡萄糖是单糖，是最简单的糖。虽然化学家习惯使用葡萄糖这个名字，但人们平时提到时还是称其为右旋糖。图3-2中也给出了葡萄糖的结构。工业上的葡萄糖通过玉米淀粉或其他含纤维素材料经水解制成，使用酸或酶做催化剂。

高果糖含量的玉米糖浆（简称HFCS）是果糖和葡萄糖的混合液，由富含葡萄糖的玉米糖浆经酶催化制得。许多天然水果中都含有果糖，果糖是理想的甜味剂，它比蔗糖要甜75%。高果糖含量的玉米糖浆一般含有42% ~99%的果糖。果糖也是单糖，化学结构和葡萄糖类似（见图3-2），HFCS经化学方法制成，本身并非天然产物，因此许多营养学家把HFCS归入合成食品中。

1967年，HFCS开始成为商业化产品，但直到20世纪70年代才开始风靡全国。主要是因为生产商大大提高了HFCS混合液中果糖的含量。从此之后，HFCS成为蔗糖和葡萄糖的理想替代品，广泛用于软饮料、果酱、果冻、糖果蜜饯、冷冻甜点、调味品、烘焙食品、罐装水果和罐装饮料中。营养学家也十分担心用HFCS逐渐取代蔗糖和葡萄糖，因为这样很可能导致美国人无意中摄入的糖分越来越多。

美国人饮食中的甜食比例越来越高，因此食品中合成甜味剂逐渐取代葡萄糖、果糖和蔗糖。此外，由于糖尿病病人不能吸收利用葡萄糖，也在一定程度上促进了合成甜味剂的使用。因为糖尿病病人摄入过多葡萄糖或者摄入葡萄糖不足，都不仅仅会导致长期的健康问题，而且严重时会导致昏迷、猝死等。

合成甜味剂

有人认为，避免蔗糖、HFCS等有热能糖造成健康问题的一种方法就是使用合成甜味剂。这类合成甜味剂生成的热量很少，甚至完全不产生热量。2004年底，美国食品和药品管理局批准了5种合成甜味剂，包括糖精、阿斯巴甜糖、三氯蔗糖、乙酰磺胺酸钾（简称安赛蜜）以及纽甜。2001年，塔格糖被批准为一般认为安全的食品添加剂，也是第六种法律允许的合成甜味剂。塔格糖自乳糖中提取，奶制品和其他天然食品中也含有少量塔格糖。此外，还有两种合成甜味剂阿力甜和环磺酸盐正处于食品和药品管理局审查中。其中环磺酸盐曾经一度经食品和药品管理局批准使用，但在1970年批准被撤销。

不同的国家对于合成甜味素的态度也不尽相同。比如澳大利亚、新西兰、墨西哥和中国允许使用阿力甜。也有一些国家允许使用的合成甜味剂在美国却被禁止使用，比如：双氢查尔酮类（欧盟和津巴布韦允许使用）、植物甜蛋白（以色列、日本、澳大利亚和新西兰允许使用）。

人工甜味剂比天然糖类甜很多。表3-1中给出了各种替代糖的相对甜度。将4%浓度的替代糖水溶液的甜度和相同浓度的蔗糖水溶液甜度相比较就得到相对甜度。

表3-1　各种合成甜味剂的相对甜度

合成甜味剂	相对甜度	合成甜味剂	相对甜度
蔗糖	1.0	糖精	300~500
塔格糖	1.0	三氯蔗糖	600
环磺酸盐	30	倍半萜类化合物	1 000
HFCS	100~160	阿力甜	2 000
阿斯巴甜糖	180	植物甜蛋白	3 000
安赛蜜	200	纽甜	7 000~13 000

数据来源：① 本·赛林格,《市场中的化学（修订版第四版）》，悉尼：Harcourt Brace Jovanovich出版社，1989年，第428页，表格11.5。

② 网站caloriecontrol.org，"低卡甜味剂"。网址：http：//www. caloriecontrol.org/loecal.html.数据于2006年9月10日下载。

③ 食品资料，"甜味剂"，俄勒冈州立大学。网址：http：//food.oregonstate.edu/sugar/sweet.html.数据于2006年9月10日下载。

糖　精

糖精是人类发现的第一种合成甜味剂。1879年，约翰·霍普金斯大学的研究人员康斯坦丁·法赫伯格和艾拉·雷姆森在开发食品防腐剂时发现糖精。据说，当时法赫伯格偶然间将研究产物不小心溅到了手上。不久之后，他无意间发现这种物质吃起来很甜，就想到可以将其作为合成甜味剂推广到市场上。法赫伯格和雷姆森共同发文公布了这一研究结果，但是不久之后，法赫伯格却背着雷姆森自己偷偷申请了专利。法赫伯格因此一夜暴富，而雷姆森则一杯羹都没有分到（据说雷姆森曾说，"法赫伯格是个无赖，听到我的名字和他一起出现我都感到恶心"）。孟山都化学药品公司首次生产糖精，这也是该公司出产的第一种化学药品。两年之后也就是1891年，孟山都公司将生产的全部糖精运到了可口可乐公司，用于生产软饮料。

糖精属于化学世界里硫酰亚胺家族中的一员。学名叫邻-磺酸基苯甲酰亚胺，也称邻磺酰苯甲酰亚胺。一般为白色晶体，多以钠盐形式出售，即邻-磺酰苯甲酰亚胺或糖精钠。糖精的化学结构如图3-3所示。

从糖精问世以来，围绕它的争论就没有停止过。早在1907年，美国政府的食品安全部门就试图禁止将该物质用于食品中。但是西奥多·罗斯福总统反对，骂该政府部门说他们是一群傻瓜，因而糖精得以继续留在市场上。4年之后，又有一群联邦科学家说糖精是一种"造假食品"，应该受到政府控制。这次反对意见奏效了，于是糖精就只能用于特殊病人食用的食品中。

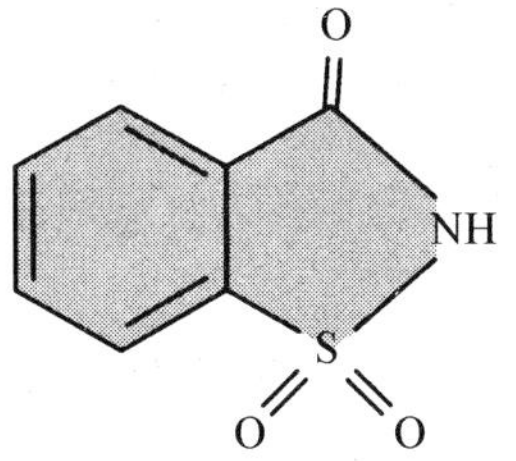

图3-3 糖精的化学结构

第一次世界大战期间，取消了食品中限用糖精的法令。战争期间，由于蔗糖供应量严重短缺，政府决定允许食品生产者使用糖精。战后，随着天然糖分供应越来越充足，糖精的使用量又开始下降。1958年，美国国会通过了《食品、药品和化妆品法案》（法案中包括《德莱尼修正案》）的《食品添加剂修正案》，要求食品和药品管理局对已知的食品添加剂进行分类。食品和药品管理局将糖精列为"一般认为安全的食品添加剂"，这也意味着政府不会再进一步限制糖精的使用。

艾拉·雷姆森（1846—1927）

任何一位研究美国科学史的历史学家对艾拉·雷姆森（Ira Remsen）这个名字都不会陌生。他的一生有两个重要成就：一是1879年发现了邻-磺酰苯甲酰亚胺（糖精），二是他对美国科学教育的专业化进程做出了一定贡献。

1846年2月10日，艾拉·雷姆森出生于纽约，祖先是信仰胡根诺教的荷兰人。1867年，他遵从父母意愿取得哥伦比亚大学内外科学院的医学学位。作了几年实习医生之后，他最终决定去学习他感兴趣的化学专业。雷姆森先在慕尼黑大学学习了一年，之后转入哥廷根大学，跟随著名的德国化学家鲁道夫·菲蒂希（1835—1910）学习。之后又随菲蒂希转入蒂宾根大学，给菲蒂希当了两年助手。1870年获得化学博士学位。

1872年，雷姆森被任命为威廉姆化学研究所教授，但是该研究所并不支持他的研究，也不鼓励支持他的“新式”化学教学法。因此，当1876年，约翰·霍普金斯大学邀请他前去任教时，雷姆森十分欣喜，而且霍普金斯研究所十分鼓励他进行科学教学实践。

雷姆森最广为人知的成就就是他和康斯坦丁·法赫伯格共同发现了糖精。法赫伯格是一名俄国化学家，当时在约翰·霍普金斯大学做博士后，和雷姆森共同开发新的食品添加剂。研究过程中，雷姆森和法赫伯格发现了一种新的化合物邻－磺酰苯甲酰亚胺，而且它比天然蔗糖甜得多。4年之后，法赫伯格离开约翰·霍普金斯大学，为邻－磺酰苯甲酰亚胺申请了专利，取名为糖精，“糖精”一词在拉丁文中是“甜”的意思。法赫伯格申请专利时没有提到雷姆森的名字，约翰·霍普金斯大学的其他化学家也从来没有因这一发现获得任何经济利益。

其实，就某些方面来说，雷姆森在科学教育领域的贡献比他发明了糖精要大得多。1876年，雷姆森来到新成立的约翰·霍普金斯大学，满怀热情地介绍德国的实验教学法，当时美国大部分学院尚未采用该种教学方法。雷姆森在教学方面经验丰富，而且善于鼓励青年学生，很快吸引了一大批优秀的化学专业学生来到约翰·霍普金斯大学攻读研究生。1901年，雷姆森当选约翰·霍普金斯大学副校长，1913年卸任。除了在约翰·霍普金斯大学的成就之外，雷姆森还编写了3本广受欢迎的教科书：《无机化学》、《有机化学》和《理论化学》，他还创立了《美国化学》杂志，任该杂志主编长达35年。

雷姆森在约翰·霍普金斯大学工作的12年间，还是一位有效率有能力的管理者，拓展了大学课程，并监督进行了一系列雄心勃勃的建设项目。除了在约翰·霍普金斯大学的实验室工作之外，西奥多·罗斯福总统任期内，雷姆森还出任了国家食品及造假控制委员会主席。1912年，雷姆森从约翰·霍普金斯大学退休，继任国家工业顾问直至去世。1927年3月4日，雷姆森于加利福尼亚州卡梅尔市逝世。1927年，为了纪念雷姆森，约翰·霍普金斯大学新落成的化学大楼以他的名字命名，叫做雷姆森大厦。雷姆森的骨灰就安放在该大楼墙上纪念他的铭牌之后。

到了20世纪70年代，糖精经历了有史以来最严峻的挑战。当时，食品和药品管理局开始对列入GRAS中的多种物质进行再检测。有研究结果显示，糖精并非绝对安全，它可能会导致实验动物患膀胱癌（老鼠）。虽然后来有研究发现，该实验中之所以会有致癌效果是实验中使用的糖精不纯造成的，但当时食品和药品管理局仍然将糖精列入需要控制的食品添加剂中。

1977年，阿诺德领导的研究团队发布了一项可怕的研究结果。和食品和药品管理局的研究者一样，这些加拿大学者也报告说喂食了糖精之后的老鼠患膀胱癌的风险增高了；而且他们确认实验中使用的糖精都不含任何杂质。于是同一年，美国国会通过一项法律，规定除特殊情况外禁止在食品中使用糖精（比如糖尿病人在医师处方允许下就属特殊情况）。这条"临时"禁令持续了14年。1991年，食品和药品管理局撤销了禁止使用糖精的法令，糖精又逐渐作为安全无害的食品添加剂为人们所接受。2000年，国家毒物学计划出版的《致癌物质报告》（第九版）中删掉了糖精一项，之后比尔·克林顿总统签署法案，规定对糖精类产品的全部禁令从此无效。

阿斯巴甜糖

几乎所有的合成甜味剂都是意料之外发现的。就像雷姆森和法赫伯格意外发现了糖精一样，阿斯巴甜糖也是科学家偶然间发现的。詹姆士·施拉特是西尔制药公司的一名研究员，当时他所在的研究团队致力于开发治疗溃疡的新药物。1965年12月的一天，施拉特无意间将正在研究的化合物沾到了手指上。但是当时他并没有留意，过了一会儿，施拉特想取一张纸于是舔了一下手指，发现居然有浓郁的甜味。施拉特百思不得其解，最后他意识到，这个甜味一定是来自自己近日研究的化合物——天门冬氨酰苯丙氨酸甲酯。于是施拉特未经任何化学安全保护处理，就直接将这种化合物加入了一杯黑咖啡中。他尝了尝咖啡，发现这种化合物真有非常甜的味道，而且完全没有糖精那种略苦的后味。施拉特所在的研究团队立刻意识到了这一化合物背后蕴含的巨大商机，他们立刻建议西尔公司马上向食品和药品管理局申请批准使用这种新产品。很快，阿斯巴甜糖成为广受欢迎的甜味剂，风头盖过了当时所有的其他合成甜味剂。

阿斯巴甜糖是这种化合物的俗名，其系统名为α-L-天门冬氨基-L-苯基丙氨酸甲酯或3-氨基-N-(α-羧基苯甲基)-琥珀酸N-甲酯。市场上供应的阿斯巴甜糖有多个别称，包括甜蜜素、甜菊素、纽特健康糖。阿斯巴甜糖的化学结构如图3-4所示。

从分子式可以看出，阿斯巴甜糖是一种二肽化合物，分子中含

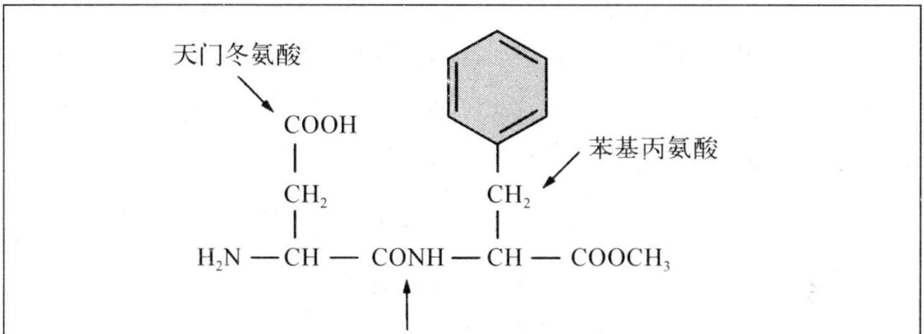

图3-4　阿斯巴甜糖的化学结构

有两个氨基酸靠肽键相互结合在一起（天门冬氨酸和苯基丙氨酸）。天门冬氨酸是一种非必需氨基酸，非必需氨基酸指人体可以通过消化其他食物在新陈代谢中自己合成的氨基酸，而苯基丙氨酸是必需氨基酸，即人体不能制造，必须从外界获取的氨基酸。天门冬氨酸对人体意义重大，是合成核酸（DNA与RNA）和尿素的必要成分，还有助于脑神经传导信息。而苯基丙氨酸在天门冬氨酸和其他神经传导物质的合成过程中都起重要作用。这两种物质都是人体中天然存在的重要物质。虽然甲醇是一种剧毒物质，但是阿斯巴甜糖新陈代谢过程中生成的甲醇量很小，基本可以认为安全无害。

糖精和阿斯巴甜糖的生化作用截然不同。糖精一般不经消化直接通过消化系统。由于其在消化系统中不发生任何变化，因此完全不生成热量，是真正意义上的“无热量”合成甜味剂。

阿斯巴甜糖与此不同，它不仅能被消化，还能参与新陈代谢过程。和其他氨基酸一样，每克阿斯巴甜糖新陈代谢时产生4卡路里热量。但实际上，食品中阿斯巴甜糖生成的热量对身体来说其实微不足道。因为阿斯巴甜糖非常非常甜，仅仅需要一点点就能达到和大量蔗糖一样的甜度。如果用阿斯巴甜糖代替蔗糖的话，可以减少99.4%的热量。因此，即使不能称阿斯巴甜糖为“无热量”甜味剂，它也是一种热量非常非常低的甜味剂。

几乎是从1974年6月26日食品和药品管理局首次允许阿斯巴甜糖用作某些食品中的甜味剂开始，对它安全性的质疑就层出不穷。不到一个月的时间，两位主要的反对者詹姆士·特纳和约翰·欧尼医生就撰写了一份报告反对食品和药品管理局的决议，报告中列出了西尔公司药品检测过程中可能存在的种种问题。经过7年的调查研究，食品和药品管理局重申了最初的决议，允许食品中使用阿斯巴甜糖。

一年之后，西尔公司又向食品和药品管理局申请将阿斯巴甜糖用在软饮料及其他液体饮料中。但是这次首先反对的却是国家软饮料协会（简称NSDA），虽然允许在软饮料中使用阿斯巴甜糖可能会给该协会带来巨大的商业利益，但是NSDA还是向食品和药品管理局表达了反对意见。他们担心溶液中的阿斯巴甜糖在极端温度下，稳定性可能不好，要求进一步研究其在碳酸饮料中的安全性问题。但是食品和药品管理局没有听从NSDA的意见，1983年秋，含有阿斯巴甜糖的碳酸饮料开始上市。

NSDA最初的忧虑渐渐烟消云散，阿斯巴甜糖迅速成为许多软饮料的必要成分。从1981年面市以来，阿斯巴甜糖成了全美所有罐装瓶装减肥类软饮料中最流行的甜味剂。而且用于软饮料中的阿斯巴甜糖占全美阿斯巴甜糖总消耗量的85%。

但是，反对阿斯巴甜糖的声音还是不断涌现。许多网站上发布了对这种甜味剂的各种不良反应，希望引起食品和药品管理局注意从而禁止阿斯巴甜糖的使用。阿斯巴甜糖导致的健康问题从神经和生理反应，比如头疼、眩晕、情绪变化，到肠胃不适、月经周期紊乱、过敏反应、皮肤病等都有。

1984年，疾病控制和防治中心（CDC）对这些症状进行了深入研究，研究结果显示绝大部分症状都属轻度不适，不会对人体健康造成长期严重的危害。但是，阿斯巴甜糖确实会对先天患有苯丙酮酸尿症（简称PKU）的人群造成健康隐患。患PKU的人体内缺乏将苯基丙氨酸转化为酪氨酸的酶，因此，摄入的任何苯基丙氨酸都不能被消化，从而堵塞血液流动。过量的天门冬氨酸对大脑也有损伤，造成反应延迟。由于阿斯巴甜糖新陈代谢会产生苯基丙氨酸，因此含有阿斯巴甜糖的产品都必须注明PKU患者不得食用。

安赛蜜、三氯蔗糖和纽甜

第三种合成甜味剂安赛蜜的发现过程和糖精及阿斯巴甜糖的发现过程一样充满了偶然性：卡尔·克劳斯是一家大型制造公司赫斯特公司的雇员，1967年，他无意间把指头伸入研究室中的一种化学物质里蘸了一下，之后也是在取纸时舔了一下手指，就发现这种化学物质有甜味。这一化合物后被命名为安赛蜜。

安赛蜜的化学结构和糖精类似。安赛蜜中含有氢离子，常以钾盐形式存在。市场上出售的甜味剂安赛蜜也称醋磺内酯钾或瑞士甜。这种物质完全不被人体消化吸收，是真正的无热量产品。安赛蜜中只有钾离子在通过消化系统时流失，其余部分全部可以通过尿液排出。

1992年，美国食品和药品管理局首次批准允许口香糖及食品中使用安赛蜜。6年之后，软饮料等液体食品中也允许使用安赛蜜。首次使用了安赛蜜的软饮料是百事可乐公司生产的，名叫百事一号。现在，全世界40多个国家近1 800多种商品里都含有这种化学物质。

安赛蜜基本没有任何缺点。保质期很长（至少3年），高温下不分解，目前尚未发现有致癌作用。但是，安赛蜜却并不是特别受欢迎的甜味剂，尤其是和糖精、阿斯巴甜糖比起来相形见绌。安赛蜜最大的用途是和阿斯巴甜糖结合起来使用。虽然不管是阿斯巴甜糖还是糖精，单独食用时都和天然蔗糖的味道差不多，但是加入安赛蜜之后，其味道更是足以“以假乱真”。

使用安赛蜜的食品有如下几种（既包括单独使用，也包括和阿斯巴甜糖一起使用的）：百事一号、健怡雪碧、健怡樱桃可乐、减肥V8饮料、卡夫国际无糖咖啡；甜点，比如吉尔无糖点心和布丁、黑人牌淡巧克力果汁、朱丽叶无糖冰激凌；口香糖和糖果，比如三叉戟胶无糖口香糖、星怡水果钮糖、易普冰爽口香糖等。纯的安赛蜜以及安赛蜜和阿斯巴甜糖的混合物还用于各种点心、果汁、糖果、果酱、酸奶以及酒精饮料中。

食品和药品管理局最近通过的合成甜味剂是在1998年4月。化学家用氯取代了蔗糖中的3个氢原子，得到三氯蔗糖，分子式见图3-5。该物质的系统名为1，6-二氯-1，6-二脱氧-β-D-呋喃果糖基-4-氯-4-脱氧-α-D-吡喃半乳糖。市场上出售的三氯蔗糖甜味剂名为斯普兰达。用于软饮料、甜点、调味品在内的100多种食品。如表3-1中所示，该物质的甜度是蔗糖的600倍。

三氯蔗糖的发现过程是所有合成甜味剂发现史上最具传奇色彩的。1989年，不列颠一家糖果公司为了满足市场需求，一直在寻找新的蔗糖的加工方法。公司考虑可以将蔗糖作为化学反应的中间产物，并且邀请伦敦皇家学院的莱斯利·豪夫研究其可能性。豪夫让他的一名叫沙士肯特·法德尼斯的外国学生着手检测（test）一下蔗糖的某几种同系物。法德尼斯误会了豪夫的意思，以为豪夫要他品尝（taste）这些同系物。品尝过程中，法德尼斯发现蔗糖的三氯取代产物有很甜的味道，一种新的甜味剂就这样问世了！

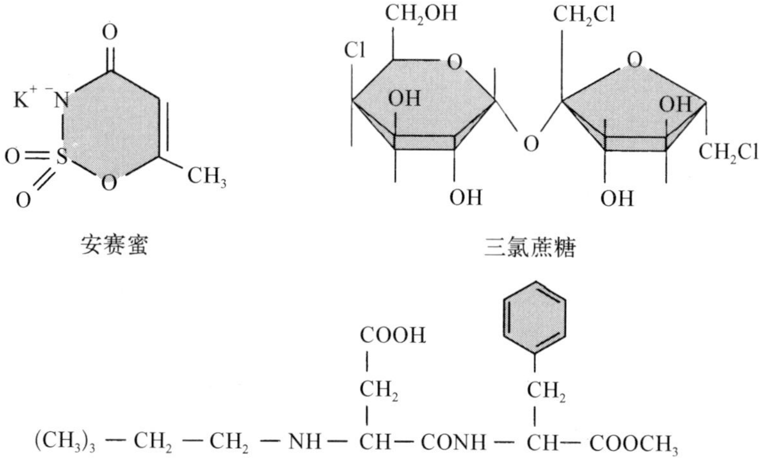

图3-5 安赛蜜、三氯蔗糖和纽甜三种无热能甜味剂的化学结构

三氯蔗糖作为蔗糖替代品有许多优点。它既不像糖精那样后味发苦，而且比阿斯巴甜糖的保质期长，热稳定性好。此外，尚未有报道表明三氯蔗糖有任何副作用，它不能被人体消化吸收，也是一种真正的无热量甜味剂。

2002年，食品和药品管理局批准纽甜可以用作食品添加剂，这是美国市场上出现的最新的合成甜味剂。对纽甜的研究始于20世纪90年代中期，当时孟山都公司致力于推广该公司的阿斯巴甜糖甜味剂。本章开头也提到过，阿斯巴甜糖经消化分解为天门冬氨酸和苯基丙氨酸，苯基丙氨酸对患有苯丙酮酸尿症（简称PKU）的病人有健康风险。于是公司新的研究项目就是要开发一种新的甜味剂，既有阿斯巴甜糖的优点而且能避免这一缺陷。

克劳德·诺夫瑞和简·马丽·汀提这两名孟山都公司的法国研究员最终解决了这一问题。诺夫瑞和汀提发现，可以将阿斯巴甜糖分子中天门冬氨酸末端氨基中的一个氢替换为3，3-二甲基丁基。读者可以比较一下纽甜的分子结构图和阿斯巴甜糖的分子结构图。这么做的优点是可以破坏缩氨酶的活性，使其不能破坏分子中的缩氨键。如此一来，和阿斯巴甜糖一样，纽甜分子在消化系统中水解生成甲醇，但含有缩氨键的那部分结构却保持完整。既然缩氨键保持不变，就不会释放出苯基丙氨酸堵塞血液，也不会产生任何热量。2002年，食品和药品管理局在批准使用纽甜之前进行了113项研究，结果发现该产品不会带来任何健康问题。孟山都公司也极力向消费者保证，纽甜在消化过程中生成的甲醇量非常非常小。例如，公司一则新闻指出，纽甜消化生成的甲醇比同等重量的番茄汁要少200倍。

纽甜的化学名为N-[N-(3,3-二甲基丁基)-L-α-天门冬氨基]-L-苯基丙氨基-1-甲基酯。根据分子式不同，纽甜的甜度是蔗糖的7 000—1.3万倍不等。目前，该产品已被批准在多种食品中使用，比如烘焙食品、口香糖、碳酸饮料、糖果蜜饯、冰冻及非冰冻速食饮料、食用甜味剂、冷冻甜点、布丁和馅料、果酱和果冻、酸奶类产品、调料果汁以及糖果中。

环磺酸盐和阿力甜

如前所述，食品和药品管理局已经通过了5种非营养性甜味剂：

糖精、阿斯巴甜糖、安赛蜜、三氯蔗糖和纽甜。但是，还有一些已经研制出来的甜味剂也在食品和药品管理局的考虑范围之内，其中最重要的两种就是环磺酸盐和阿力甜。环磺酸盐的发现过程是甜味剂发现史上又一个传奇故事。1937年，伊利诺伊大学的研究生米歇尔·斯韦德在进行退烧药的研究（退烧药用于控制高烧）。有一次在他吸烟的时候——这在今天绝对不被允许的，用手蹭掉了不小心沾在嘴唇上的烟丝，结果发现烟味很甜。斯韦德稍微思考分析了一下，就分辨出甜味来源于某种环磺酸盐的同系物。

孟山都公司

历史上从来没有哪一家公司比孟山都公司带给这个星球的损失更大。

——《雷切尔环境和健康周报》，版本#504，1996年6月25日。网址：http://rachel.org/bulletin/bulletin.cfm?issue_ID=619

近年来化学品生产商的日子总不好过。孟山都、杜邦、墨克、安万特、联合炭化等一些公司备受世人指责，说它们是导致许多环境问题及人和动物疾病问题的元凶。这些公司生产的从食品添加剂到转基因食品等化学产品很多时候并不是为了给人类带来好处造福人类，而不过只是股东们赚钱的工具。虽然这些观点尚存争议，但是其中或多或少也有合理之处。

针对化学工业，尤其是转基因食品，矛头直指孟山都公司。孟山都公司是全美排名第二十的化学药品公司，也是最大的农业化学药品即农业化学生产公司。该公司一直以来都努力打造良好的公司形象，想消费者之所想，急消费者之所急，尽力满足消费者及社会需要。这一点也体现在孟山都公司1990年发布的公司理念中，理念中称，“尊敬且解决所有当事人的困难，开发有利于全世界农民和消费者的技术，只生产安全无害能给消费者带来实惠的产品”。虽然该公司不断地改进，多次完善其1990年提出的理念作为治理公司的指导思想，但是实际上孟山都公司如何执行这一理念却成为人们争论的焦点。

1901年，约翰·F.昆尼建立了孟山都公司，他的爷爷是爱尔兰移民。1871年的芝加哥大火摧毁了昆尼父亲的房地产生意，12岁的昆尼不得不辍学去找工作。他的第一份工作是一家药品公司的快递员。他在这家公司工作多年，业绩逐步提升。1901年，昆尼筹借资金开办了自己的公司，生产食品和医药品。公司名字取自他的妻子，奥尔加·门达·孟山都。公司生产的第一种产品是合成甜味剂糖精。生产出的全部产品都出售给了佐治亚州亚特兰大市一家新成立的软饮料公司，名叫可口可乐公司。

孟山都公司逐渐发展，开发新产品，收购其他小公司。

1917年，孟山都公司开始生产其最受欢迎的产品阿司匹林，20世纪80年代中期，阿司匹林成为产量排名第一的产品。20世纪60年代起，孟山都公司开始转型，成立了专门的农业部。农业部开始引进大量新型除草剂，其中著名的有拉索乳油、野麦威、农达等。1962年，孟山都公司的营业额首次超过10亿美元。

1980年，孟山都公司设立了一项分子生物项目，标志着该公司开始涉足DNA重组技术领域。这一项目最终成为全世界DNA重组农产品领域最大的研究项目。1982年，孟山都公司的研究者首次培养出了转基因细胞，一年之后又培育出世界上首株转基因植物。1991年，公司成立子公司，专门出售转基因抗菌土豆。两年之后，孟山都公司得到批准开始出售第一种DNA重组产品，牛生长激素（简称BST）。

20世纪末期，孟山都公司成为全世界转基因食品开发和销售领域的领军人物，产品包括扭力夫抗菌土豆、邦格德抗菌棉、伊尔德抗食虫玉米、抗农达玉米、大豆、芥花籽油、棉花和弗里斯弗番茄，产品虽然经批准允许使用，但是却没有经过商业推广。

公司代言人不无骄傲地宣称，该公司一直以来都履行了其1990年提出的理念。2002年他们指出，公司销售的种子都经国家注册，其质量检测实验室获得世界标准委员会9 002份质量证明，这些成就都表明，公司某种程度上满足了消费者的需求，而且，公司领导者以及管理委员会一直致力于提高公司业绩，提高产品质量。

不管孟山都公司作为一家公司有怎样的权势或者弱点，它还是代表了在现代社会化学试剂的开发、销售、使用中存在的种种问题及争议。

最终用作合成甜味剂的两种环磺酸盐是环磺酸钠和环磺酸钙，统称环磺酸盐。图3-6中列出了环磺酸钠和环磺酸钙的分子结构。

这两种物质也有许多不同的名字，比如最常用的有环己基磺胺钠和环己基磺胺钙。

斯韦德为这一发现申请了专利，后来出售给杜邦公司。接着杜邦又将环磺酸盐的专利卖给了亚培公司实验室，1950年，亚培向食品和药品管理局提交申请，请求批准环磺酸盐作为甜味剂。亚培公

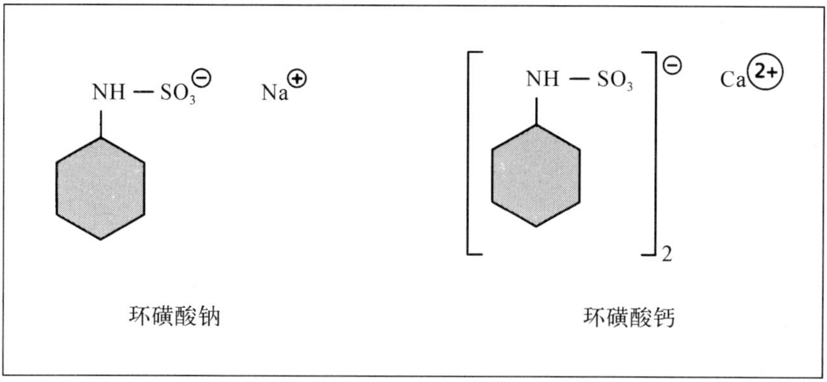

图3-6　两种环磺酸盐的化学结构

司最初想用环磺酸盐来掩盖该公司某些药的苦味。随后,公司又拓展了申请范围,申请将该产品也用作糖尿病人等需要控制糖摄入量的患者食用的甜味剂。

1958年,食品和药品管理局批准了亚培公司的申请,将环磺酸盐列为一般认为安全的食品添加剂,允许添加在多种食品中。很快,软饮料制造商就开始将环磺酸盐用于碳酸饮料中,单独使用或者和糖精结合一起使用。

但是,在合成甜味剂市场环磺酸盐的成功却如昙花一现。1969年,许多研究者纷纷报告,喂食市场上出售的环已胺基磺酸钠甜味剂的老鼠,患膀胱炎的概率大大提高。环已胺基磺酸钠中含有90%的环磺酸盐和1%的糖精。但是该研究的批评者认为此结果有待商榷,因为实验当中,老鼠喂食了过量的环己胺基磺酸钠甜味剂(质量相当于800罐汽水饮料中含的甜味剂)。但是,食品和药品管理局的官员经过深思熟虑之后还是发出禁令,禁止在美国境内销售环磺酸盐,除非有进一步的证据证明该产品对人体安全无害。

相关研究进行了十多年,1984年,食品和药品管理局癌症评估委员会在报告中宣布环磺酸盐不是致癌物质。一年之后,国家科学研究院的另一项独立研究也得出了相同的论断。

在这些研究结果的影响下,世界上许多国家的监管部门都开始认为环磺酸盐对人体确实安全无害,加拿大、丹麦、瑞典、比利时、荷兰、瑞士和以色列等五十多个国家,都将该物质列入可使用范围。但是,美国食品和药品管理局还是对环磺酸盐抱怀疑态度。他们担心的主要问题是,即使该物质本身可能不会导致癌症,但可能会以其他方式诱发癌症。

阿力甜是20世纪90年代辉瑞药品公司开发出的合成甜味剂。和阿斯巴甜糖一样，该物质也是二肽化合物，但其中包含的氨基酸不是天门冬氨酸和苯基丙氨酸，而是天门冬氨酸和丙氨酸。阿力甜在许多方面都优于阿斯巴甜糖：它的甜度是阿斯巴甜糖的十倍；没有难吃的后味；耐热性比阿斯巴甜糖好；而且由于阿力甜分子中不含苯基丙氨酸，因此对苯丙酮酸尿症患者也不构成威胁。1986年，辉瑞公司向食品和药品管理局申请，请求批准将阿力甜用作食品添加剂，但到2006年尚未有任何回应。而澳大利亚、墨西哥、新西兰、中国等许多国家都已批准使用阿力甜。

合成甜味剂的发展无疑给糖尿病患者及需要控制体重的人带来了福音，使得这些人不仅可以充分享受甜食而且不用担心任何副作用，不管是糖尿病还是肥胖都不用担心。但是，合成甜味剂的使用也并非百利无害，某些产品还是可能导致各种不舒服甚至有生命危险的过敏反应。合成甜味剂的使用者应该明白其背后存在的潜在危险而有节制地使用该类产品。

合成脂肪

合成糖的使用并非唯一争论的问题，许多营养学专家认为，当今美国最严重的健康问题是过量食用脂肪。许多美国人每日摄入热量的40%都是脂肪。而根据食品和药品管理局、美国心脏病协会以及其他健康机构推荐的食谱，每日摄入脂肪量不得超过30%（饱和脂肪酸不超过10%）。

高脂肪摄入会导致各种心脏疾病，比如高血压、动脉硬化、心脏病、冠心病、充血性心无力、中风等等。心脏病是目前美国死亡率排名第一的疾病。美国心脏病协会公布的数据显示，有6 180万美国人患有心脏类疾病，心脏类疾病导致的死亡率比其他7种主要疾病（包括癌症）加起来还要高。这也难怪食品化学家整日摩拳擦掌，想要开发出既能模拟脂肪食品口感又能避免其副作用的脂肪替代品。

脂肪是生化家族中脂类化合物的一种。脂类化合物指人体中天然存在的一系列化合物，它们都有一个共同特点：溶于苯、酯类化合物、酒精，溶于四氯化碳等有机溶剂且不溶于水。

脂肪和油脂是化学结构相似的脂类化合物，由甘油（即丙三醇，含有三个—OH基团）和一种或多种脂肪酸经成酯反应得到。脂肪和油脂的区别在于其物理性状不同（脂肪是固体，油脂是液体），而且不饱和脂肪酸（含有的双键数目）的含量不同。图3-7给出了典型

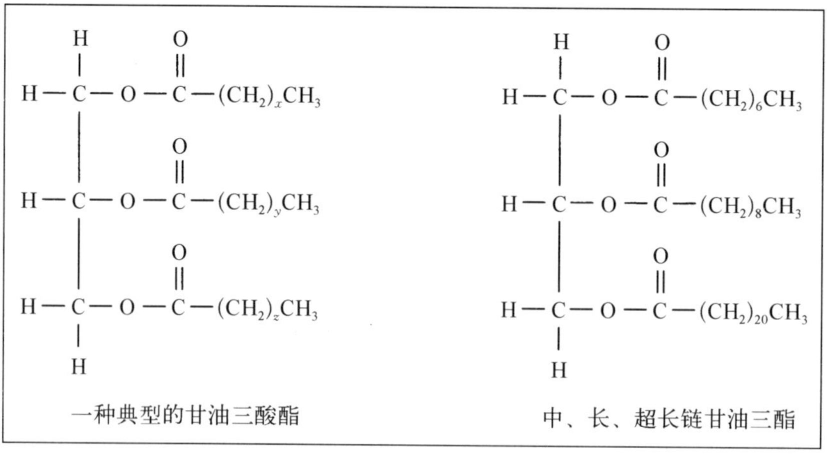

图3-7　某种典型甘油三酸酯和中、长、超长链甘油三酯的化学结构

的脂肪类化合物的结构。

分子左边的三碳骨架来源于形成脂肪的甘油。和三碳骨架相连的3条长链来源于脂肪形成过程中的脂肪酸。图3-7给出的脂肪含有三个脂肪酸片段，因此也称甘油三酸酯。有的脂肪仅含一个脂肪酸片段，也有的含有两个脂肪酸片段。含双键的脂肪酸生成的脂肪称不饱和脂肪酸，而只含单键的脂肪酸生成的脂肪称作饱和脂肪酸。

饮食中脂肪含量太高会对健康造成两大威胁。第一，脂肪新陈代谢中会释放出大量能量，达到每克9卡路里，而每克碳水化合物、糖及淀粉仅生成4卡路里能量。第二，饱和脂肪酸会导致血液胆固醇升高，进而加大患心脏病的风险。

食品化学家研究合成脂肪的主要目的是对脂类分子进行修饰，使得产物既能提供脂肪类食品的口感，保持可口诱人的特性，而且减少其不利因素。结构脂质（简称SL）一词就是指改变了天然脂肪分子中相应脂肪酸片段的位置和性质之后形成的新型脂肪。

宝洁（简称P&G）公司开发的中、长、超长链甘油三酯就是结构脂质的例子。如图3-7所示，中、长、超长链甘油三酯分子中一端含有丙三醇的三碳骨架，另一端连有碳原子数为8、10、22的脂肪酸片段，包括辛酸（$C_7H_{15}COOH$）、羊蜡酸（$C_9H_{19}COOH$）和山嵛酸（$C_{21}H_{43}COOH$），自然界中没有该种分子存在，因此称作结构脂质产品。该分子中的山嵛酸不能新陈代谢却可以被身体直接吸收。分子中只有丙三醇、辛酸和羊蜡酸能够新陈代谢，因此和天然脂肪相比，这类脂肪生成的热量相对较少（每克5卡路里）。

1991年，宝洁公司向食品和药品管理局申请，将长链甘油三酯列为一般认为安全的食品添加剂用于商业生产。该物质首次投入使用是在新出的名叫战神银河Ⅱ的糖果中，在糖果实验品中用长链甘油三酯取代了可可油。但是2000年9月18日，宝洁公司撤回了GRAS申请，可能今后会再次提交。

还有一种商业化结构脂质产品是纳贝斯克公司研制开发的短长链三甘油酯，它和长链甘油三酯的不同之处在于分子中包含4种脂肪酸而不是3种。4种脂肪酸分别包含2、3、4、18个碳原子，依次为乙酸（CH_3COOH）、丙酸（C_2H_5COOH）、丁酸（C_3H_9COOH）和硬脂酸（$C_{17}H_{35}COOH$）。短长链三甘油酯的分子结构如名所示：分子中含有短链及长链的甘油三酸酯。和长链甘油三酯一样，短长链三甘油酯含的热量也是天然脂肪的一半。

1994年，纳贝斯克公司向食品和药品管理局申请，希望能够将短长链三甘油酯列为GRAS添加剂。为产品申请GRAS项目的批准流程和申请其他类别的食品添加剂流程有所不同。如果经实验研究表明新化合物对人体健康无影响的话，公司就可以向食品和药品管理局申请将该物质列为“一般认为安全的食品添加剂”，随后即可将该商品用于商业生产。一旦某种化学物质经食品和药品管理局批准列为GRAS类化合物，一般不再更改，除非有反对的声音或者有研究者向食品和药品管理局建议说将该物质列为GRAS类化合物是错误的。

因此，纳贝斯克公司将短长链三甘油酯的实验数据提交给食品和药品管理局之后，很快就以benefat®为商标推广该物质。短长链三甘油酯主要用于糖果类食品，比如巧克力棒、巧克力糖等。不管是美国还是世界上其他地方，还有许多种短长链三甘油酯已经开发出来或者正在被研制。比如注射用乳剂（法玛西亚普强，瑞典）、伯汉宁（斐济石油公司）以及中碳链三甘油酯（斯泰潘食品公司）等。

当然，也有些营养学家对中、长、超长链甘油三酯和短长链三甘油酯等产品的使用十分忧虑，他们认为这些物质的相关数据尚不齐全，不应该流入公众市场。1998年，公共利益科学中心要求食品和药品管理局驳回纳贝斯克公司的申请，不可将短长链三甘油酯列入GRAS。公共利益科学中心指出，纳贝斯克公司对该物质仅仅进行了一次短期实验（28天），而且实验中还发现该产品有些短期不良影响。但是食品和药品管理局既没有批复纳贝斯克公司提交的申请，也没有回应公共利益科学中心的建议。

迄今为止人类开发出来的合成脂肪中名气最大的要数奥利斯特拉油，其生产方式和前面几种物质也有很大不同。

1968年，宝洁迈阿密峡谷实验室中的研究员罗伯特·沃黑姆和佛瑞德·曼森发明了奥利斯特拉油。当时沃黑姆和曼森正在从事一项研究，旨在开发一种针对早产儿的更好消化的新型脂肪。但是事与愿违，他们却误打误撞地开发出了一种性状和脂肪十分类似但却完全不能被人体吸收的物质。

奥利斯特拉油属蔗糖聚酯类物质。这类化合物是由脂肪酸取代蔗糖分子中两个或多个氢原子得到的。奥利斯特拉油是蔗糖六、七、十脂肪酸酯的混合物。图3-8中，FA代表取代了蔗糖分子中的氢原子的脂肪酸基团。

由于该分子结构太大，通常情况下能够分解蔗糖分子的酶（蔗糖酶）对该分子完全没有作用。因此，分子可以完全不经消化吸收新陈代谢直接通过消化系统。

奥利斯特拉油一上市就广受欢迎，因为它吃起来和脂肪很像，却不含任何热量。比如，一包重约1盎司的薯条含10克脂肪、150卡

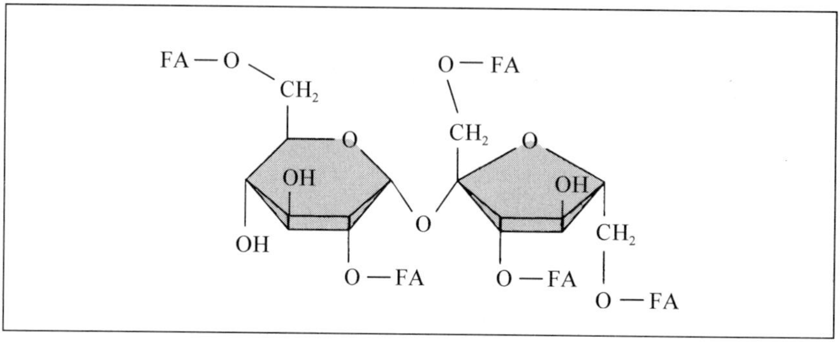

图 3-8　奥利斯特拉油的化学结构

路里热量。而由奥利斯特拉油制成的相同重量的薯条也含有10克脂肪,但是热量仅为70卡路里(热量来自脂肪替代品)。市场上出售的奥利斯特拉油商品名为欧林。

和其他合成食品一样,奥利斯特拉油的法律批准过程也历经坎坷。1975年,宝洁公司首次向食品和药品管理局申请批准奥利斯特拉油作为药物使用。公司之所以这么做是因为该物质似乎可以降低血液胆固醇。但是公司无法提供足够的证据支持这一说法,因此,只好更改申请方式。1987年,宝洁公司向食品和药品管理局提交了新的申请,这次是申请批准奥利斯特拉油用作食品添加剂,可以替代35%的家用脂肪以及75%商业食品生产中的脂肪。

法律批准流程开始变得复杂起来。宝洁公司最初为奥利斯特拉油申请的专利1988年就到期了,而公司几乎不可能在专利到期之前拿到食品和药品管理局的批准。最后,美国国会专门通过了一个法案延长了宝洁公司的专利,使其得以完成向食品和药品管理局的申请过程。

1996年1月26日，食品和药品管理局通过了宝洁公司的申请，但仅允许用在很少一部分食品中，比如薯条、饼干、玉米条等。宝洁及其他食品生产公司很快就开始开发各种含有奥利斯特拉油的食品，包括无脂品客薯片、沃尔沃薯条以及雷氏、立体脆、佳得乐等牌子的薯条。宝洁公司的长期目标是获得食品和药品管理局的批准，将奥利斯特拉油用于其他各种食品中，包括多纳圈、蛋糕、饼干、馅饼、派、冰激凌、法式甜圈、炸鸡、炸海鲜、烤肉、蔬菜、人造奶油、奶酪等食品中。

公共利益科学中心

但是谁来监督监督者呢？

——朱沃诺（70—138）

以美国为代表的民主社会中，政府的职能之一就是保护公民使其免受大公司的潜在威胁。比如，食品药品管理局的职责就是负责监管美国市场上出售的食品、药品、化妆品及其他化学药品。如果没有这些保护措施，不管是公司还是个人都有可能向消费者出售无效（实际效果和广告宣传相去甚远）甚至有害的（对消费者不利）商品。

但政府部门并非完全可靠。就像人会犯错一样，政府部门也会犯错误。因此非政府组织的存在就十分必要，它们可以监督政府部分的工作。在美国，有许多民间组织，包括著名的美国公民自由联盟、政府杰出成就理事会公司、电子保密信息中心、国家资源保护委员会、关注世界协会等。在食品药品政策领域中，公共利益科学中心（简称CSPI）一直以来都是最有效的监督者之一。

1971年，拉尔夫·纳德法律研究中心的3名科学家成立了公共利益科学中心，这3位科学家是：化学家艾伯特·弗瑞茨，气象学家詹姆士·苏里曼和微生物学家米歇尔·詹可森。该组织旨在给那些在该中心工作的科学家一个放弃事业投身公众利益的机会。公共利益科学中心成立早期从事的工作也反映了3名创立者不同的兴趣所在，项目包括露天开采、核能、有毒化学物质、高速发展、空气污染、食品添加剂、营养学等。研究结果由3位成立者撰写论文陆续发表在《时事通讯》上。

1977年，弗瑞茨和苏里曼因其他原因离开了公共利益科学中心。由于只有詹可森留在协会，公共利益科学中心的关注焦点也开始转向詹可森感兴趣的领域，即食品和营养学，在之后的20年中，这一领域也一直是公共利益科学中心关注的重点。最初的《时事通讯》也逐渐变成内容更为细化的出版物《营养健康通讯》，发行量从1980年的3万册发展到世纪之交的100多万册。

和其他服务大众的民间团体一样，公共利益科学中心也出版了大量教育性材料，从图书、小册子到海报都有。公共利益科学中心目前的出版物包括：图书《我们的食品安全吗？》；报告《保护药物的法宝：保持抗生素效果的有效措施》；小册子《民众应如何应对酒精和烟草类商品广告牌》以及《化学烹饪法：公共利益科学中心教你如何应对食品添加剂》（网址：http://www.cspinet.org/reports/chemcuisine.html）。

公共利益科学中心在和食品和药品管理局及其他立法机构的交涉中表现十分活跃，不断地表达对食品安全及其他问题的关注。该组织已向食品和药品管理局提交申请，要求撤回许多种食品添加剂的批准条例，其中包括奥利斯特拉油和短长链三甘油酯，要求相关产品的电视广告中应该加播警示语。

公共利益科学中心是最著名、最受公众尊敬的保护美国食品安全的团体。但是，该组织也受到一些批评，比如有人批评它更像一个“食品警察”，一味夸大食品的安全风险造成民众恐慌，等等。但是不管怎么说，公共利益科学中心还是继续发挥着自己的作用，是用以平衡食品监管的国家部门的重要砝码。

从奥利斯特拉油问世以来，宝洁公司就不断受到各种公众利益团体的质疑，质疑该产品是否可能会对人体健康带来威胁。1987年，就在公司首次向食品和药品管理局提交申请后不久，公共利益科学中心致信食品和药品管理局，指出宝洁公司的检测过程存在问题而且没有专门针对食品可能导致的健康问题。之后的20年间，公共利益科学中心、其他消费者团体以及许多个人都不断向食品和药品管理局表达对奥利斯特拉油安全性的质疑。

反对者指出，使用该物质可能导致许多肠胃类疾病。症状有肿胀、痢疾、腹部绞痛等。此外，奥利斯特拉油能和某些人体必需的生化物质键和，使人体无法吸收这些物质。比如脂溶性维生素（A、D、E和K）和β－胡萝卜素、茄红素、叶黄素、玉米黄质等类胡萝卜素。为了解决这些问题，食品和药品管理局要求食品生产商在生产含有奥利斯特拉油的产品中必须加入一定的脂溶性维生素。

对奥利斯特拉油及其他合成食品的争论几乎无法避免。生产合成甜味剂及代脂类物质的公司不断推广其产品，声称这些产品安全无害且有益身体健康，指出过量使用这些产品可以提高美国人平均健康水平。而与此同时，许多团体和个人则认为，饮食中越来越多的合成食品（比如阿斯巴甜糖、糖精，中、长、超长链甘油三酯及奥利斯特拉油）对提高健康没有明显作用。而实际情况却是伴随着这些争论的声音，合成食品越来越普及，美国人的健康问题越来越恶化，越来越多的人面临体重问题，而只有这些合成食品可能解决这一问题。疾病控制防治中心2003—2004年发布的国家健康及营养调查报告（NHANES）中指出，调查中的成年人里有66.3%属于超重，而32.2%属于肥胖，和1994年NHANES调查结果相比，这两个数据分别增长了18%和40%。

食品化学家开发了各种合成食品，某种程度上可能会提高美国人及世界各国人民的饮食质量。合成甜味剂和脂肪替代品对糖尿病患者，需要减肥的人及其他想要维持健康饮食的人们都有好处。但是，这些食品可能带来的健康问题也不容忽视，对某些食品过敏的人群尤应注意。

近10年来，合成食品带来的恐慌似乎略有好转。这期间，市场上涌现的合成甜味剂及脂肪替代品也略有减少，但是对这类产品的研究却没有停止。食品化学家一定会继续不断地努力，寻找新的可以改善提高人类饮食质量的产品。

四

转基因食品

40年来，全世界的食品化学家都在从事一项新研究，一项可能彻底变革人类饮食习惯的研究。这项研究开发出了大量新食品，称基因工程食品/转基因食品，或者简单叫做GM食品。转基因食品是生物技术发展的产物，而生物技术正是当今世界的热点。

虽然"生物技术"这个词已经使用了几十年，但是对该词的定义却不尽相同。例如，《韦伯斯特学生字典（2003年第11版）》中定义生物技术为"对生物科学的应用"。而生物技术工业组织最近给出了一个更狭窄的定义："运用生物方法解决问题或者制造有用产品"（《生物技术指南：术语表》，在线阅读网址为http://www.bio.org/speeches/pubs/er/glossary.asp）。其他的定义也各有局限性，有的侧重某种特殊的技术，比如转基因技术或DNA重组技术；在线《食品领域相关术语对照表》定义生物技术为"运用生物技术修饰或改进细胞基因，进而生成新物质或拥有新特性"。

本章中对生物技术的定义采用最后这种说法。

生物技术的历史

最早运用生物技术的例子可能要数利用微生物生产某些食品。早在6 000年前人们就知道在水果、蔬菜、谷类等食物中加入酵母菌使其发酵，进而制成啤酒、白酒、醋。而人们用酵母菌发酵面包、制造酸奶和奶酪的历史没有上千年也有数百年了。当时的农民、酿酒者及其他生产商对这些反应背后的原理一无所知，仅凭经验来生产，因此，这些技术在当时与其说是科学还不如说是一门手艺。

但是到了1900年，情况有所改变，随着农民逐渐了解孟德尔遗传学，并将其运用到实践中，农业技术也越来越科学。孟德尔遗传学是在此之前半个世纪由奥地利修道士格雷戈尔·孟德尔提出的，在遗传学的指导下，人们开始懂得通过选择基因优质的种子来控制其后代的性状，这样一来，人们逐渐懂得如何培育高产种子、产蛋多的小鸡、出奶量大的奶牛、个头肥硕的火鸡和牛等优质产品。即使到了现在，这种方法仍然是农产品养殖生产中的重要方法。20世纪40年代初期，许多发展中国家直接得益于此，随着农业技术发展，食品的质量和数量都飞速发展，掀起了著名的绿色革命。以墨西哥为例，19世纪40年代，墨西哥人食用的粮食一半都还靠进口，1956年，国家就基本能自给自足了，而到了1964年，已经成为50多万吨小麦的出口国。

20世纪70年代以前，农业生产中用到的生物技术都还只是经验性的，科学家靠看得见的物理性质（比如抗病、多产等）来设计养育各种动植物。而到20世纪70年代早期，赫伯特·波依尔（1936—　）和斯坦利·科恩（1922—　）两名美国生物化学家进行了一系列实验，掀起了一场翻天覆地的变革。波依尔和科恩开发出了一种技术，可以将一种生物有机体中的基因插入另一种有机体的基因组中，这也就是我们现在熟知的基因重组技术。

重组DNA的相关研究

早在波依尔和科恩的研究之前20年，美国生物学家詹姆士·D.沃森（1928—　）和英国化学家弗朗西斯·克里克（1916—2004）就发现了这一结果。1953年，沃森和克里克指出，基因信息是储存在巨大复杂分子中的，该分子就是脱氧核糖核苷酸，也称DNA。而且，基因信息正是靠DNA分子中的某些化学物质的序列位置储存的，这些化学物质也称碱基对。而随后的研究逐渐发现，半个世纪以来人们称之为基因的本质不过只是DNA分子中特定的碱基对序列而已。沃森、克里克等人的研究也给生物科学带来了一场变革，许多生物体中发生的过程都可以用化学方法来解释。现在熟知的“新生物”一词就是指许多生物研究实际上都是自然界中的化学过程。

图4-1给出了一段DNA分子片段。分子由两条相互缠绕的核苷酸长链组成，其中包括糖和磷酸相交替的结构，也称双螺旋结构。DNA分子中含的糖即脱氧核糖。每条核苷酸长链的核酸分子上都联有一个碱基，碱基共有4种，分别是腺嘌呤（A）、胞嘧啶（C）、鸟嘌呤

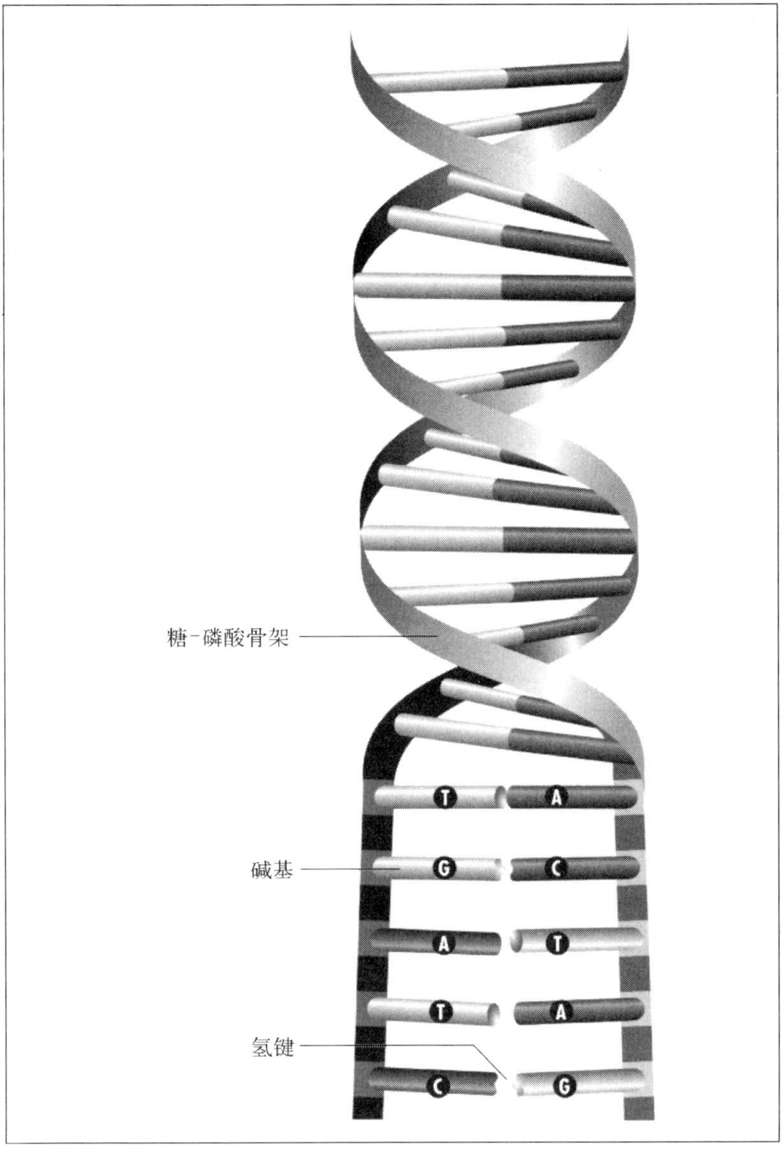

图 4-1　DNA分子的结构

（G）和腺嘧啶（T）。

核苷酸长链上的碱基不是随机排列的，而是以特定的碱基对的形式出现。腺嘌呤和腺嘧啶配对（A–T），胞嘧啶则和鸟嘌呤配对（C–G）。人类基因组含有约3万~4万个基因，而基因的大小从几百个碱基对到1万多个碱基对都有。图4–2中给出了一小段可能存在的基因片段。

–C–C–T–T–A–G–C–T–G–G–A–A–G–T–C–C–T–A–

–G–G–A–A–T–C–G–A–C–C–T–T–C–A–G–G–A–T–

图4–2　一段基因片段

半个世纪以来，科学家已经基本了解了DNA是如何在细胞中发挥各种功能的，比如蛋白质的制造，DNA分子的自我复制，等等。而且有机体已经进化出了众多高度分化的化学分子、酶分子来催化这些反应。内切酶（REs），也称核酸内切酶，就是这样一类分子。内切酶是20世纪60年代瑞士微生物学家沃纳·阿尔伯（1929—　）发现的。阿尔伯发现在进化过程中，细菌形成了一种自我保护机制，防止抗菌素侵入。他认为细菌分子中含有一种酶，可以识别抗菌素中某些特定的碱基对。细菌中的酶对这些碱基对定位之后，可以切断碱基对之间相连接的化学键，从根本上摧毁抗菌素中的DNA分子，使其失去活性。

现在，人们已经发现了上百种不同的内切酶，每种都能辨别出一类特定的碱基对序列并在特定位置切断相连的化学键。表4-1中给出了一些内切酶的例子，其能识别的碱基对序列以及切断位置。有的内切酶可以将DNA分子的两条核苷酸链在同一位置切开，也称平齐末端。

表4-1　典型的内切酶举例

内切酶	细菌来源	能够识别的碱基对序列及切断位置
EcoRI	埃希氏大肠杆菌	G|*AATTC CTTAA|G
BamHI	芽孢杆菌	G|GATCC CCTAG|G
HindIII	嗜血杆菌	A|AGCTT TTCGA|A
Sau3A1	葡萄状球菌	N|GATC** NCTA|G
Taql	水生嗜热菌	T|CGA AGC|T
平切酶 Alul	橙黄微球菌	AG|CT TC|GA
Stul	链结核菌	AGG|CCT TCC|GGA

*竖线（|）表示切断位置

**N代表任意一种碱基

比如表中给出的Alul这种内切酶，就可以切断如下碱基对序列：

AGG|CCT AGG CCT

→

TCC|GGA TCC GGA

还有一些内切酶能将两条核苷酸链在相隔几个碱基的位置分别切开，形成相互错开的结构。表4-1中给出的EcoRI这种内切酶，就能将一段DNA分子交错切开，如下所示：

G|AATTC G AATTC

→

CTTAA|G CTTAA G

最早的关于重组DNA（简称rDNA）的研究是在20世纪70年代，当时波依尔和科恩各自独立进行研究，研究内容却十分类似。斯坦福大学的科恩当时在研究埃希氏大肠杆菌，这种细菌可以在细胞中结合名为pSC101的质粒，抵抗四环素类抗生素的侵入，科恩正是想研究这一过程背后的原理。质粒是原生细胞中的环状DNA（见图4-3），比如

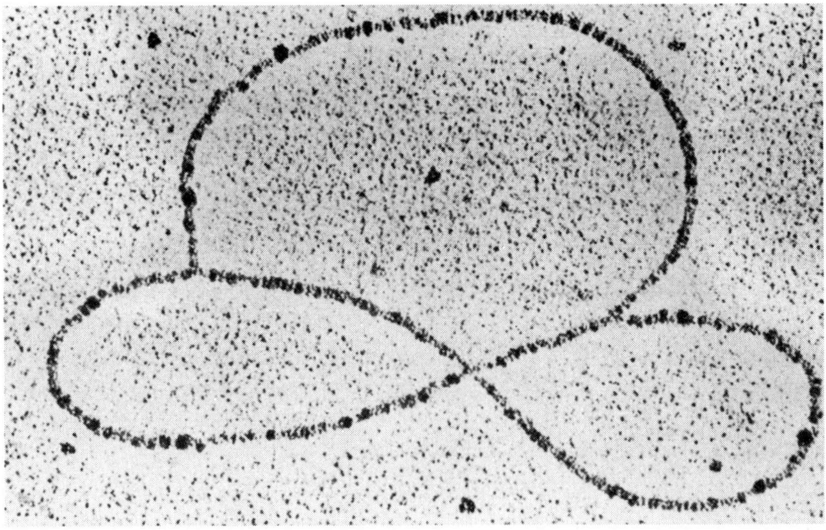

图4-3　质粒是真菌和酵母菌中存在的环形DNA片段（NH/Kakefuda/图片研究者有限公司）

细菌细胞中就含有质粒。而圣弗朗西斯科加利福尼亚大学的波依尔当时也在研究内切酶。1972年，这两位科学家开始合作，着手研究如何利用内切酶修饰质粒分子然后植入各种有机体体内。

科恩和波依尔合作的最初几个实验中，主要研究的就是名为pSC101的质粒（pSC101种，p是质粒英文名称的第一个字母，SC是该质粒的发现者斯坦利·科恩的姓名缩写，101代表质粒编号）。pSC101是一种十分简单的质粒，仅包括两个基因，一个负责基因复制，另一个有抗四环素类抗生素的作用。当把pSC101植入另一个细胞之后，不仅意味着该质粒可以自我复制，而且可以通过加入四环素类抗生素之后观察细胞是否死亡，来判断是否细胞中确实植入了该质粒。

如图4-4所示，在科恩和波依尔最初的实验中，他们先用限制性内切酶EcoRI将pSC101质粒切断。从表4-1（典型的内切酶举例）给出的例子我们可以知道，该酶可以将交错质粒切开。只要碱基匹配，这一切面可以和任意DNA核苷酸链结合，我们也称这种切面有“粘性”。随后将一段新的有抗卡那霉素能力的基因和切断的质粒DNA分子结合。有抗卡那霉素能力的基因也是经EcoRI内切酶切断得到的，含有正好可以和质粒相匹配的粘性切面。

而如何将切断的质粒DNA分子和卡那霉素基因结合起来则需要加入DNA连接酶，这种酶可以催化DNA分子片段，形成氢键。换句话说，DNA连接酶可以形成“杂交”DNA分子，或者说重组DNA分子，该DNA分子中既含有原来pSC101质粒的基因也含有卡那霉素基因。

接着，科恩和波依尔将加工后的质粒和埃希氏大肠杆菌混合在一

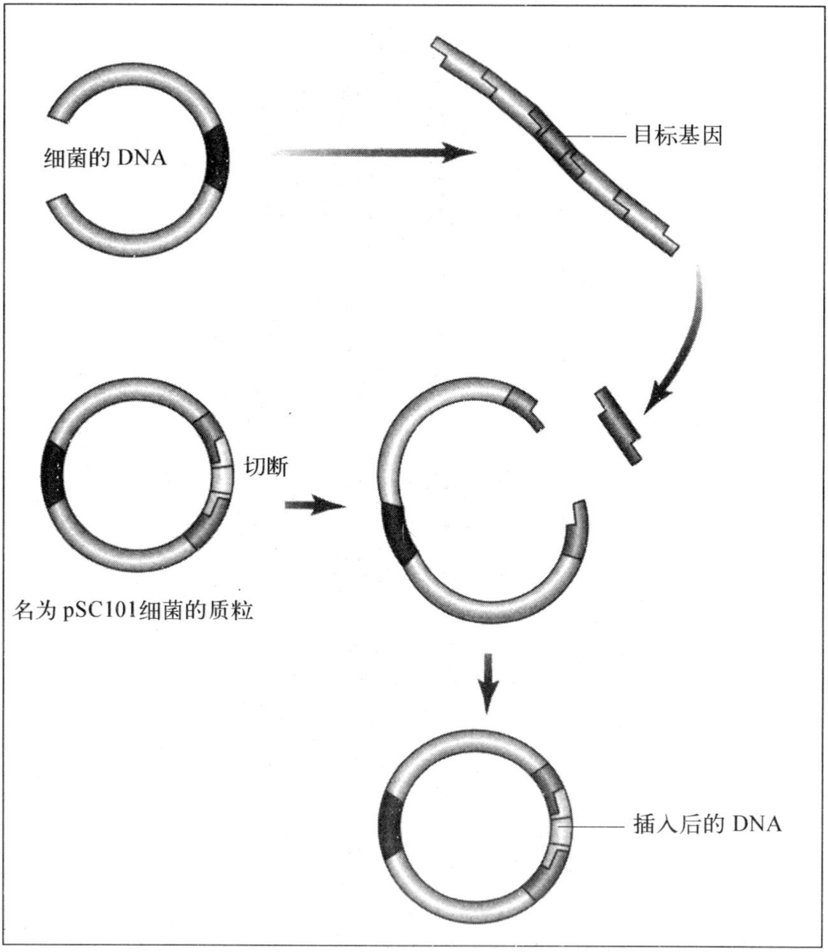

图 4-4　基因插入过程

起。在科恩-波依尔实验中，这一步只是简单地将加工后的质粒和埃希氏大肠杆菌在培养皿中物理性混合在一起即可（其他类似的实验也是如此）。同时在培养皿中加入四环素和卡那霉素两种抗生素。随着时间的推移，培养皿中的一部分埃希氏大肠杆菌就会将加工后的质粒吸入细胞内。于是细菌发生改变，因为细胞内不仅含有自己的原有基因，还含有吸入的质粒中的基因。这种生物有时也被称作开米诺，开米诺是希腊神话中的一种狮头、羊身、蛇尾的吐火怪物。又因为这类生物体内含有外来基因，也称转基因生物（例见图4-5）。

培养皿中发生转变的细菌进一步自我复制产生后代，体内均含有加工后的质粒，对这两种抗生素均有免疫能力。而有的细菌没有

图中所示的又像绵羊又像山羊的怪物，是将这两种动物受精卵中的DNA相结合再植入代孕母羊体内得到的（吉奥夫·汤普金森/图片研究者有限公司）

图4-5　转基因生物

吸收加工后的质粒，虽然也有抗四环素类抗生素的能力，但是对卡那霉素却没有免疫能力，因此很快就会死亡。而吸收了加工后的质粒的那部分细菌，对两种抗生素都有免疫能力，从而生存下来生长繁衍。随后科恩和波依尔检测了培养皿中的细菌，发现确实有一部分细菌生存下来并繁衍出后代，证明这部分细菌体内已经结合了加工过的质粒（见图4-6）。

就这样，科恩和波依尔成功地将一种单细胞生物的DNA植入到

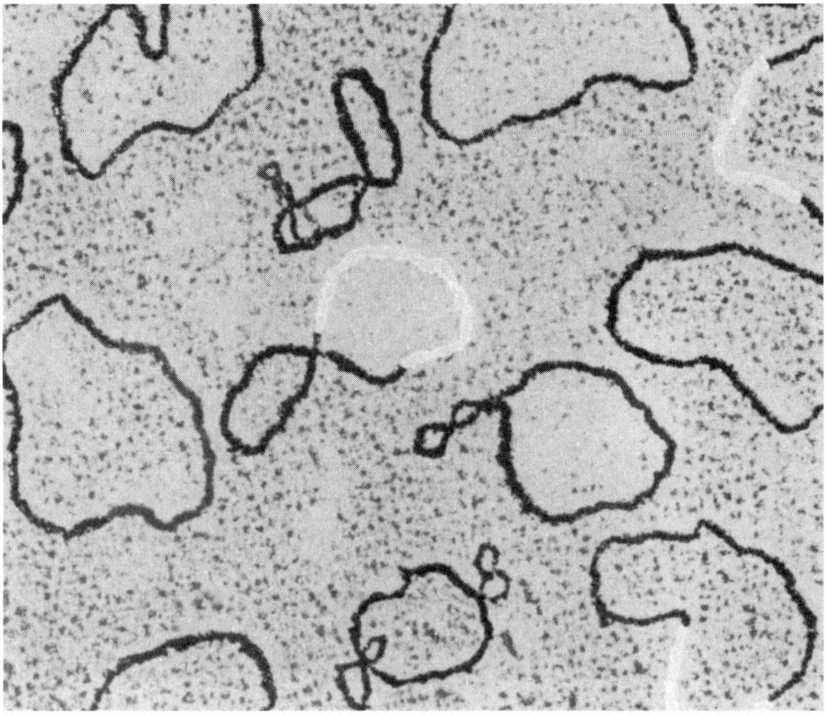

图中是显微镜下的线粒体，线粒体上含有插入的DNA片段（戈帕尔博士/图片研究者有限公司）
图4-6　显微镜下的线粒体

另一种单细胞生物体内，于是他们决定将这种技术用于更高等、更复杂的生物体。他们重复了上述实验过程，只不过这次用的是南非蟾蜍光滑爪蟾的基因。他们将光滑爪蟾细胞内的DNA提取出来植入埃希氏大肠杆菌细胞内。为了检测埃希氏大肠杆菌是否吸收了光滑爪蟾的基因，科恩和波依尔首先将蟾蜍的RNA固定在硝化纤维薄膜上，接着在薄膜上加入埃希氏大肠杆菌细胞提取物。如果加入的是加工过的埃希氏大肠杆菌（即结合了光滑爪蟾基因的大肠杆菌），薄膜上的RNA就会和埃希氏大肠杆菌结合，如果加入的是原始埃希氏大肠杆菌（即没有结合光滑爪蟾基因的大肠杆菌），就没有化学键形成。

用上述科恩-波依尔技术将一种生物体内的基因植入另一种生物体内，简直就像是一项充满智慧、独具匠心的特技表演。虽然其中包含的基因理念略显简单直白，但是科恩-波依尔最值得称道之处在于他们首创了一种制造转基因生物的技术，基本上要包括以下几步：如何在恰当的位置切断DNA分子；如何把不同有机体中的DNA结合起来（比如青蛙和质粒的DNA）；如何将重组DNA植入客体中（比如上例中的埃希氏大肠杆菌）；如何证明一种生物的DNA确实进入了另一种生物体内。

基因植入技术

30多年来，研究者尝试了多种手段改进科恩和波依尔的方法。该方法中有一步过程是将施体的DNA分子（或者制备得到的DNA分子）转入受体体内（这一过程也称基因植入）。基因植入的方法可分为两大类：一类是用活体生物（也称带菌者）植入，另一大类使用机械方法植入。用活体生物植入主要是利用细菌、病毒和酵母人工染色体（简称YAC）3种带菌有机物进行基因植入。

将DNA植入植物细胞中使用最多的活体有机物是一种叫做根癌农杆菌的细菌。该细菌是生活在土壤中的微生物，能使植物感染患细菌性根癌病。这种细菌体内含有名为Ti的质粒，可改变这种质粒使其携带想要植入的目标DNA。与此同时，和细菌性根癌病相关的基因也遭到破坏，因此细菌植入植物体内也不会导致植物病变。

第二种基因植入方法是利用病毒进行植入。主要有两类：一是利用双生病毒给玉米细胞和小麦细胞中植入DNA；二是利用花椰菜花叶病毒给芥菜类植物（即十字花科类植物）中植入DNA，比如甘蓝、白菜、椰菜、花椰菜等。病毒就是包裹在蛋白质外壳中的DNA。这两种病毒都能吸附在细胞外表面将自己的基因注入细胞里，因此是非常理想的活体带菌物。病毒DNA注入分子中后，侵入细胞系统中开始自我复制摧毁受体细胞功能。因此病毒DNA（或RNA）要想作为活体带菌者必须经过两步改变：首先，必须抑制病毒的复制能力，这样一来一旦DNA进入细胞分子中就无法再进行自我复制；其次，欲植入细胞中的基因必须嵌入病毒DNA分子中。

第三种常用的活体带菌者酵母人工染色体，顾名思义，是一种特别为有机体中植入DNA而合成的和质粒结构类似的真菌。一个YAC分子中含有三部分结构：端粒（真核细胞染色体的任一端），着丝点（一个染色体上的中心区域）以及大量限制性内切酶可切断的限制性位点。目标基因先植入YAC分子中，随后将YAC与受体细胞混合。其中一部分受体细胞和YAC相互作用，生成转基因生物体。YAC一个最大的优点是它可以携带容量很大的基因。其最大容量是100万个碱基对，而质粒能携带的最大碱基对数目为1万，大部分病毒仅为2.5万。

往细胞中植入基因除了上述利用活体生物的方法之外，还有许多种机械方法。其中一种方法是用化学或物理手段在受体细胞的细胞壁上打开很小的洞，使基因更容易进入细胞中。此类方法包括化学打孔法、电子打孔法和激光打孔法。化学打孔法是在受体细胞中加入某些化学物质使得细胞膜上出现小洞，因而目标基因得以进入细胞内部。与此类似，电子法是利用短暂电击达到相同目的，而激光法则将目标细胞暴露于显微激光中。至于其他基因植入方法则使用比较少，一是因为科学家还没有完全了解其他情况下基因是如何和受体细胞相互作用进入细胞内的，无法预测和控制进入细胞中的基因数量，而且也无法预测基因的表达方式。

还有一种基因植入法称生物球植入法。生物球植入法主要利用涂有目标基因的薄金属片，利用某种装置将该金属片发射入受体细胞内。图4-7中的基因炮就是该装置的一种。最早的基因炮不管外观还是机理都和其他火炮类似，利用火药将由微生物土层的BB弹或小球射入细胞内。但是，这种基因炮火力太大，常常在射入基因的同时也破坏了目标细胞。而现在使用的基因炮则技术更为成熟，利用压缩氦气形成冲击波将涂有基因涂层的发射弹射入一群目标细胞中。这种基因炮不仅能发射金属条，还能发射金或钨制成的小金属球，等待植入客体细胞中的目标基因就涂在这些发射弹上。

现在科学家已经开发出了各种各样的氦气基因炮。这些新型基因炮和最初的不同之处主要在于加速射弹的机理不同。比如，利用向心力、磁力、电力、喷雾、机械冲力、电子流等。

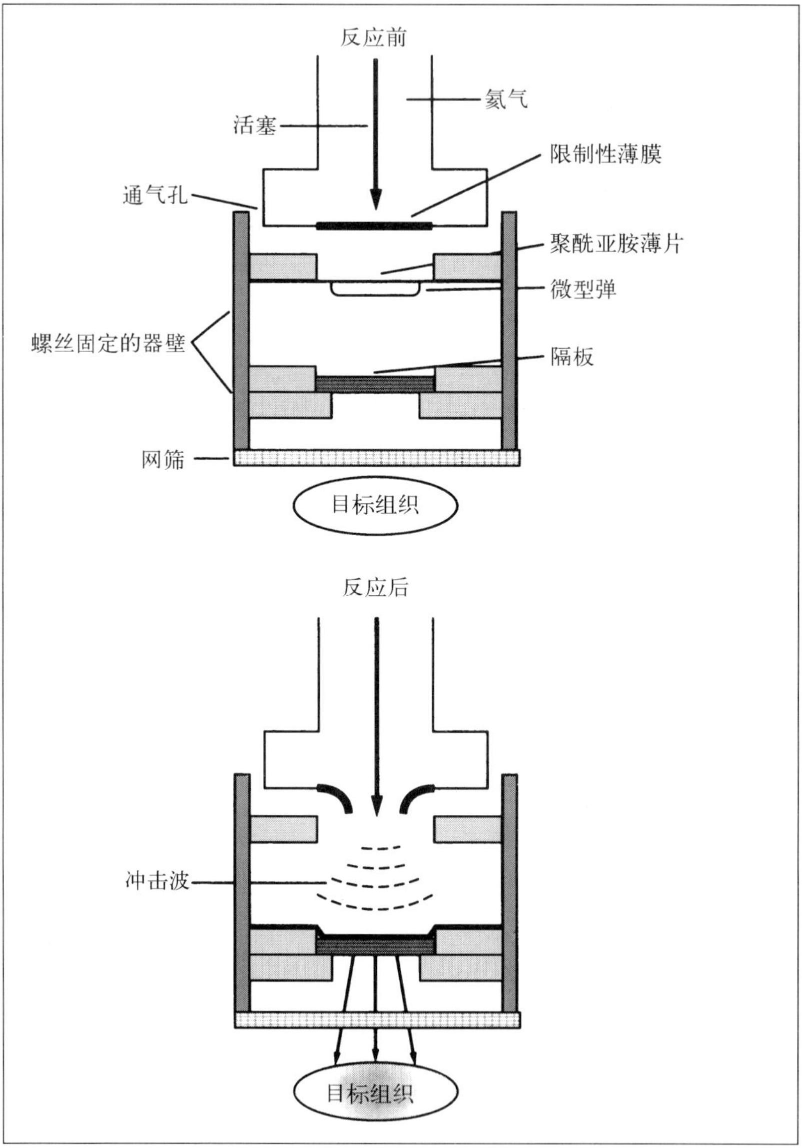

图 4-7　基因炮的设计图

最后，对于细胞体积比较大的受体，可以采用精细毛细管直接注入基因。首先用毛细管将目标基因从供体中取出。接着把毛细管穿过目标细胞的细胞膜，基因就释放到细胞内部。只要环境适合（常常是很好控制的环境条件），受体细胞就会接纳注入的基因，与其相互作用将该基因纳入自己的基因结构中，可以随原始基因一起复制。

转基因产品

上述DNA重组技术有非常重要的实践意义。最有前景的应用之一就是转基因（简称GM）食品及农产品的开发，这类产品的基因组成都经转基因技术或其他类似技术加工过。下面给出一些转基因产品的例子：受害虫侵害时可以分泌毒素的玉米；成活率显著提高的番茄；有抗虫害性能的葡萄；富含维生素A的水稻（图4-8）。

世界上第一种转基因农产品是一种生物调节剂，名叫抗霜剂。抗霜剂的工作机理是这样：在自然界中，如果没有某种促霜细菌，即使温度很低，霜也不会凝结在植物表面，而抗霜剂是一种含有其他细菌的喷雾，这种细菌经过转基因技术处理，可以破坏促霜细菌。植物表面喷了抗霜剂之后，其中含有的转基因细菌就会攻击并破坏促霜细菌，即使温度很低，植物也不会冻伤。

抗霜剂的首次现场试验是在1986年，当时许多激进主义者对这种新产品忧心忡忡，担心它对环境造成不可知的后果。在测试抗霜剂喷雾的前一晚，这些激进主义者潜入即将进行测试的田里，拔掉

图4-8　DNA重组技术多用于将抗虫病基因引入农作物中

了所有待测的草莓植株。即便如此，抗霜剂还是进行了测试并且大获成功。但是，这种产品从来没有进行过大规模商业推广。

第一种在市场上出现的转基因产品是美国科尔公司生产的番茄，名叫佳味番茄。1994年5月18日，美国食品和药品管理局批准了该产品的使用。这种产品可以在吃不到新鲜番茄的季节，为消费者提供口味更为新鲜的产品。而当时人们在寒冷的冬天想要吃到番茄，唯有在番茄还未成熟时，将绿色的生番茄摘下保存起来，冬天再上市。

为了解决这一问题，科尔公司的科学家通过人工方法复制了番茄中的一种基因，该基因能使番茄随时间慢慢变软。这种基因能促进多聚半乳糖醛酸酶的合成，进而破坏植物的细胞壁。科学家将该基因的逆序基因植入番茄植株中（该法也称反植入法），这样基因就会产生相反的效果：能够抑制多聚半乳糖醛酸酶的合成，进而减缓番茄软化过程。佳味番茄的优势就在于可以在枝上生长更长时间，到完全成熟了再采摘。

1991年，科尔公司向美国食品和药品管理局申请，要求检测公司对佳味番茄的研究过程，确认其对消费者是否安全无害。1994年5月食品和药品管理局给出了结论，认为佳味番茄“和传统生产方式培育的番茄一样安全”，并且批准科尔公司将该产品推向市场。

虽然得到了食品和药品管理局的批准，但是佳味番茄却不是一个成功的商业产品。有些人认为该产品失败是由于消费者的抵触（转基因番茄价格高昂而且味道不是很好）。有些人则认为是由于公司推广不力造成的，也有的认为是由于人们对转基因食品的忧虑导致了产品失败。不管是哪种情况，1995年，科尔公司被化工巨头孟山都收购，对佳味番茄的研究很快就被母公司中止了。

虽然有抗霜剂和佳味番茄这样失败的例子，但还是有许多转基因食品取得了巨大的成功。黄金大米和各类Bt食品就是其中最有名的商品。

黄金大米是一种转基因食品，产品的支持者期望它能解决许多发展中国家普遍存在的维生素A缺乏症（简称VAD）。维生素A缺乏症严重时会导致失明，某些极端情况下还可能导致死亡。据估计，全世界有1.25亿儿童患有维生素A缺乏症。

20世纪90年代，瑞士植物学家因戈·伯特利科斯（1933—　）

研究出一种可能解决维生素A缺乏症问题的方案。伯特利科斯在瑞士联邦理工学院的植物科学研究所工作，他和他的同事开发出一种转基因水稻种子，其中含有3种特别基因：psy（富营养酶合成基因），lcy（茄红素环化酶合成基因）以及crtl（去饱和酶合成基因）。这3种基因在β胡萝卜素的合成过程中起着重要作用，而β胡萝卜素正是维生素A的前身。由于lcy基因来自水仙花，因此这种转基因大米色泽金黄，取名为黄金大米。

和其他转基因食品一样，黄金大米也遭到了来自各界的质疑。有些专业人士指出，虽然黄金大米的目标人群是儿童，但是他们可能并不能消化、吸收并转化这种产品中的β胡萝卜素。实际上他们需要一个更合理、更全面的饮食计划，需要摄入足够的蛋白质和脂肪。也有专家建议，与其提供黄金大米来解决维生素A缺乏症的问题，还不如每日使用一些红棕榈油更为简单，许多地方都有这种红棕榈油。但是支持者认为，没有任何一种食品能够满足发展中国家饥饿人群的全部营养需求，但是黄金大米不仅拥有许多优点，而且至少可以解决一种主要的健康问题，即维生素A缺乏症（更多的关于黄金大米的支持及反对意见，参见“黄金大米”一章，网址：http://www.biotech-info.net/golden.html）。

bt玉米也是一种转基因食品，其中植入的基因来自一种土壤中常见的细菌苏芸金杆菌，bt即是这一细菌的英文名字缩写。苏芸金杆菌生产出名为δ内毒素的蛋白质（也称杀虫晶蛋白，简称ICP），该蛋白质对许多种昆虫而言都是一种有毒化合物。已知属于鳞翅目（比如蝴蝶、飞蛾）、双翅目（苍蝇）、鞘翅目（甲虫）等150多种昆虫都能被δ内毒素感染致病。

因戈·伯特利科斯（1933— ）

黄金大米是人们对转基因食品的众多争论焦点之一，这种大米主要是能够给使用者提供额外的维生素A。该产品是20世纪90年代由瑞士联邦理工学院植物科学研究所的伯特利科斯及其同事开发研制出来的。支持黄金大米的人认为，这种产品可以显著降低全世界1.25亿儿童失明和死亡的风险。而反对者则认为，不仅该产品的好处尚待商榷，而且将转基因产品排放到自然界中可能会对人类健康及自然环境造成不可预测的恶劣影响。

1933年12月5日，伯特利科斯出生于德国海德堡。他在科隆大学研读植物学、动物学、遗传学、生物化学、哲学及物理学，并取得了博士学位。1968年伯特利科斯来到科隆大学马克斯-普朗克研究所研究植物遗传学，主要从事植物培育相关的研究。1970—1974年间，伯特利科斯在霍恩海姆植物生理研究所工作。1974—1976年间，任马克斯-普朗克研究所在拉登堡的遗传学研究小组组长。1976—1986年间，任瑞士巴塞尔市里德里希·米歇尔研究所组长，随后任苏黎世工业大学植物科学教授。

20世纪70年代早期，伯特利科斯开始对转基因植物的研究十分感兴趣，当他在斯图加特的霍恩海姆大学植物学研究所任副教授时，他曾经写道："即使在绿色革命最巅峰的时刻，要想解决发展中国家迅速膨胀的人口面临的饥饿问题，仍然还是需要新的科学技术。”伯特利科斯认为，他早期从事的转基因矮牵牛花的相关研究，可能会为解决世界饥饿问题提供一条新的思路。在该研究中，伯特利科斯成功地将红色牵牛花的基因植入了白色牵牛花植株内，得到了漂亮的粉红色牵牛花。

而想要在可食植物上重复在牵牛花上获得的成功并不是一件容易的事情，一直到20世纪80年代，伯特利科斯及他的同事才首次得到了一种转基因大米，其中含有能够合成维生素A的基因，这种大米也就是我们现在熟知的黄金大米。到21世纪早期，黄金大米推向市场，伯特利科斯也获得了众多支持，包括“长期稳定的公众基金”、“洛克菲勒基金会”、“工人协会（超过60名）”资金支持，大家都单纯地认为黄金大米一定会获得巨大的成功。

1999年，伯特利科斯从苏黎世联邦理工学院退休。但是退休并不意味着他对转基因农作物研究的终止。伯特利科斯继续进行写作、演讲等工作，也在继续他在转基因农作物方面的研究，他虔诚地相信，转基因农作物终有一天能够彻底解决这个世界存在的饥饿和营养不良等问题。

其实背后的机理十分容易理解。如果昆虫仅仅接触到这种蛋白质的话不会中毒，而昆虫一旦食入该种蛋白质，蛋白质就会溶解在消化液中，昆虫内脏中含有蛋白酶，就可以作用于溶液里的蛋白质分子。蛋白质分子被分解为小分子化合物，其中一些就是有毒物质。δ内毒素分解生成的小分子毒性物质会黏着在昆虫胃壁上，破坏上皮细胞，进而损伤消化系统。于是昆虫没办法进食，甚至会有呕吐腹泻等症状。几小时甚至几天之后，昆虫行动力逐渐减弱，全身瘫痪而逐渐死去。

自然界中有许多种不同的δ内毒素，每种都对隶属鳞翅目、双翅目、鞘翅目的特定昆虫有毒性。下面就列出一些会对内毒素有中毒反应的昆虫：苜蓿毛虫、苜蓿环虫、卷心菜环虫、卷心菜蠕虫、科罗拉多甲虫、菱纹蛾、欧洲玉米螟虫、结网毛虫、绿毛虫、舞毒蛾、铁杉环虫、叶滚虫、松树蚜虫、松树蝴蝶、红峰毛虫、刺榆毛虫、云杉蚜虫、帐篷毛虫、番茄果虫、烟草角虫以及毒蛾等。

苏芸金杆菌是1901年日本细菌生物学家镇种石渡太辅发现的。但是直到10年之后，德国细菌学家安斯特·柏林才发现这种细菌有杀虫功效（图4-9）。20世纪20年代起人们逐渐开始将含有bt细菌的杀虫剂用于喷洒农作物，1961年该药剂通过美国国家许可。20世纪90年代随着DNA重组技术的发展，科学家发现可以不用喷洒含有bt细菌的药剂，直接将其基因植入植物体内就能达到灭虫效果。现在市场上已经有许多种含有bt细菌基因的农作物出售，包括bt玉米、bt番茄、bt棉花、bt土豆等。

➤ 市场上出售的bt玉米有诺华公司生产的完美牌玉米和孟山都公司生产的保丰牌玉米。该产品能抵抗欧洲玉米螟虫。

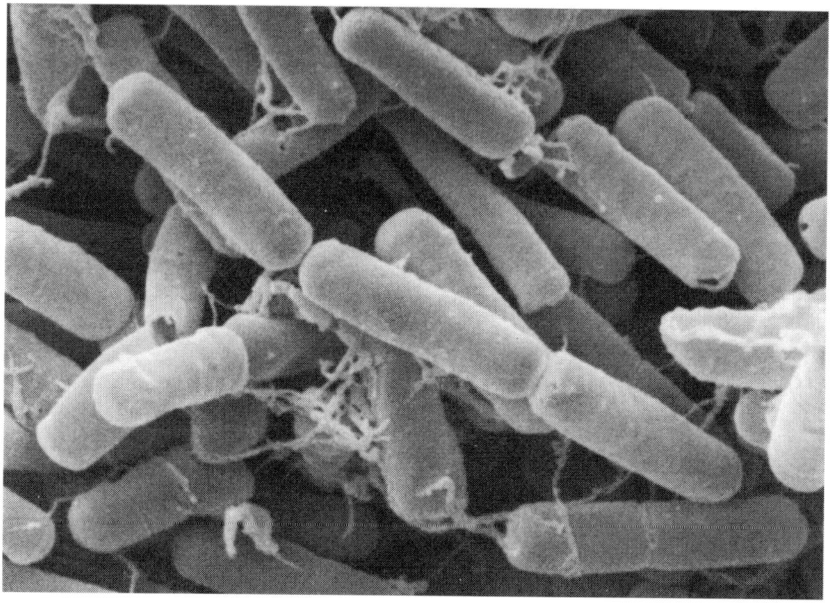

图 4-9　苏芸金杆菌培养基培养的细菌

还有一种bt玉米是由安万特公司生产的，名为斯达林科，但是由于有部分消费者投诉产品会导致严重的过敏反应，因而安全性受到质疑,被撤出市场。

- bt番茄由孟山都公司开发研制，虽然还未推向市场，但是已被美国、加拿大等数个国家的食品管理局批准上市。
- bt棉花也是由孟山都开发的另一种转基因农作物，可以抵抗棉铃虫、烟草蚜虫以及粉红螟蛉虫。
- bt土豆也是由孟山都公司研制，取名为新叶。该植株中植入了抗虫基因，可以抵抗科罗拉多甲虫，科罗拉多甲虫是感染土豆的最重要的一种害虫，某些地区高达85%的土豆植株死亡都是这种小虫子造成的。1995年，美国环境保护办公室（简称EPA）批准了bt土豆上市，但是该产品一直未能占领市场（多数情况下市场份额都少于5%），2001年，该产品退出市场。

转基因技术也被用于为多种农作物提供抗除草剂的特性。这一领域的领头羊仍是孟山都公司，它们推出的农达除草剂利润高昂，取得了商业上的巨大成功。但是农达除草剂和其他除草剂一样，有一个巨大的缺点，就是除杂草的同时也会杀死一些农作物（比如玉米或者大豆）。为了解决这一问题，孟山都公司在农作物中植入了抗除草剂的基因。因此，改变之后的农作物就可以放心地喷洒农达除草剂而不用担心除草的同时杀死农作物。

农达除草剂中最重要的成分是草甘膦［N-（膦羧甲基）甘氨酸］。草甘膦能够吸附在醇丙酮基莽草素磷酸（简称ESP）合成酶的活性位点上。ESP合成酶对某些芳香氨基酸的合成过程有重要作用（比如酪氨酸、苯基丙氨酸、色氨酸）。如果ESP 合成酶活性受阻的话，植物就不能合成必要的氨基酸或者蛋白质，生长受阻最后死亡。

问题的关键就在于，草甘膦对所有植物都有同样的效果，不管对杂草还是农作物。而使用除草剂的人必须万分小心，确保除草剂只喷洒在杂草上而没有沾到农作物上（需要注意的是农达除草剂对动物毫无影响，如前所述，和植物不一样，动物体内并不需要生成酪氨酸、苯基丙氨酸、色氨酸等氨基酸）。

孟山都公司解决这一问题的方法是在农作物中引入一种新的基因，可以编码合成一种和ESP合成酶类似的化合物，但是化学结构却完全不同，因而不会受到草甘膦影响。有了这种基因，农作物就可以正常合成酪氨酸、苯基丙氨酸、色氨酸等氨基酸，进而合成相应的蛋白质，也就意味农达除草剂在杀死杂草的同时，农作物可以继续正常生长。孟山都公司给含有转基因ESP合成酶的玉米注册了一个新商标，名为抗农达。

目前已开发的转基因食品大多出于提高农作物属性的目的，提高农作物抗虫抗杂草性能。但是研究者也已发现DNA重组技术有更广泛的用途。其中一些最重要的用途就是用于提高人们的健康水平。前面提到的黄金大米就是这样一种产品。20世纪90年代上市的改良油菜子是油菜子的一种，也是出于提高营养价值的目的开发出的转基因食品。改良油菜子和油菜子都属于芥菜科植物。

数千年来，人们一直都种植油菜子作为食物，而且不管是家庭还是工业上都利用油菜子榨油。经过漫长的历史时期，人们通过选株培育的方法逐渐培养出了一种油菜子的分支，也就是改良油菜子。1985年，食品和药品管理局宣布，油菜子和改良油菜子这两种植物差异显著，可以认为它们是不同种类的植物。从那个时刻起，研究者为了提高改良油菜子的营养价值，利用DNA重组技术开发出了许多种不同种类的改良油菜子。

比如，20世纪90年代，科尔公司开始对一种富含月桂酸的新型转基因改良油菜子进行检测。这种高月桂酸的改良油菜子商品名为罗瑞克。改良油菜子不仅含有多种富含营养的热带植物油，比如椰子油和棕榈油，而且保质期长，口感丝滑，是生产糖果的理想原料。转基因油脂比任何现存的天然产物更健康，更有商业价值。

转基因食品提高人类健康水平还可以通过添加食用疫苗的方式。土豆或香蕉等天然食品中添加了能生成某种或某几种抗原的基因之后，合成的疫苗就称食用疫苗。当人食用了这种食品之后，就会摄入相应的抗原，进而对某些疾病有免疫能力。

转基因植物也有许多工业用途。比如，科学家计划设计培育某些转基因植物，生成生物能源，这种能源和传统能源相比，对环境危害小得多。而且，还可以通过基因工程植物生产生物润滑剂代替传统的润滑剂，甚至生产出有特殊物理或化学性质的可降解塑料产品。

从20世纪90年代首例转基因农作物面世以来，这类产品就一直受到美国农民的广泛欢迎。1996—2002年间，美国用于种植转基因农作物的农田数量增长了3 000%。但是，这种新兴的农业技术在世界上其他地方却还没有得到推广。2004年，6个国家种植的转基因农作物的数量就占到了全世界总数的99%。美国最多，种植转基因农作物的土地数量占全世界的63%，阿根廷次之（20%），随后是加拿大（6%）、巴西（5%）、中国（4%）、南非（1%）。有数据表明，现在美国消费者能买到的食品中，70%都含有一种甚至更多种转基因产品。

在美国，种植最多的转基因食品是转基因大豆，占所有种植转基因农作物土地总数的63%，随后是转基因玉米（19%）、转基因棉花（13%）、转基因改良油菜子（5%）。表4-2给出了2002—2003年3种农作物中转基因农作物所占的比例。美国种植的转基因农作物最主要特点就是抗虫抗杂草。图4-10给出了2003年美国所有转基因农作物各种不同特性占的比例。

到2006年，转基因农作物在美国上市已满10年。这10年间对农作物的研究结果可以说是喜忧参半。一方面，许多农民对转基因农作物，尤其是玉米、大豆、棉花等农产品满怀热情（图4-11）。这些农作物吸引农民的主要优势是产量高，管理时间少，病虫害概率低。2006年，美国种植的大豆中几乎百分之百都是转基因产品，棉花中也有一半是基因工程的产物。但是另一方面，转基因产品也引发了公众的关注，大量社会团体都呼吁要求暂缓种植转基因农作物。在欧盟，反对转基因食品的呼声尤为强烈，到2006年为止，欧盟中许多国家都已立法禁止种植、销售或运输转基因食品。

表4-2　全美用于种植GM农作物的农田比例（单位：%）

农作物	抗虫害农作物		抗杂草农作物	
	2002年	2003年	2002年	2003年
玉米	22	26	9	9
棉花	13	16	36	30
大豆	75	80	75	80

数据来源：美国国家农业统计局

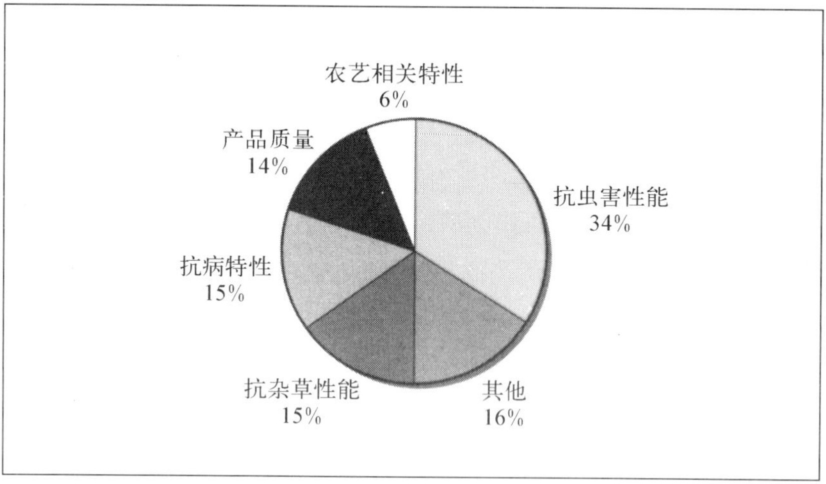

图4-10　2002—2003年美国遗传工程食物特性的饼状图

图4-11　农民正在种植转基因大麦（克利斯·纳普森/图片研究者有限公司）

针对转基因食品的论战

不管是美国、欧洲还是世界其他地方，转基因食品的迅速发展都引发了广泛的争论。但是，争论的激烈程度却不尽相同。根据2004年公众及压力研究中心发布的调查报告，约1/3的美国人对转基因食品表示“非常了解”或“稍有了解”，这一比例比2001年数据调查的结果降低了10%。与此同时，反对转基因食品的人数也有所下降，从2001年的58%降到了2003年的48%。但是小部分人的反对意见却没有多大变化，仅仅从35%降低到了31%。

2003年，公众及压力研究中心调查了7个国家对转基因食品的态度（加拿大、法国、德国、英国、意大利、日本和美国），发现不同国家之间有非常大的差别。以法国为例，9/10的法国人都认为转基因水果、蔬菜等食品“不好”。其他国家的调查结果见表4–3。

表4–3　7个国家对转基因食品的态度调查，2003年

国　　家	对科技修饰的水果、蔬菜的态度		
	好（%）	不好（%）	无意见（%）
美　　国	37	55	8
加 拿 大	31	63	6
大不列颠	27	65	8
日　　本	20	76	4
意 大 利	17	74	9
德　　国	17	81	2
法　　国	10	89	1

数据来源：公众及压力研究中心，“民众普遍反对转基因食品”。

对转基因食品的质疑来自许多方面，但是其中有一个最根本的问题就是现在市面上转基因食品的种类太多了，市场上有名目繁多的具有五花八门特性的转基因食品。这么多的转基因食品，很难总结出它们对人类健康究竟有什么威胁，你也很难武断地说，所有的转基因食品不管对环境还是对人类健康都有危害。实际上，就连准确地说出某种转基因产品以什么样的方式危害了人类健康和环境安全都很困难，也没有相关的科学研究结果可以支持这些反对市场上出售的转基因农作物的论断。

但是有些转基因食品的反对者只是源于这种技术改变了自然界中存在的天然产物。虽然没有科学根据，但是这些人认为，不管使用DNA重组技术还是别的人工方法改变天然产物的组成，都是一件完全错误的事情。而随着与转基因食品相关的一些疾病的涌现，更加重了人们的担心。20世纪80年代爆发的牛绵状脑病（简称BSE，也称疯牛病）更是引发了欧盟各国对食品安全的普遍关注。那些在疯牛病蔓延之前从来都没有仔细思考过食品安全问题的人，也都开始认真思索他们每日食用的食品是怎么种植、怎么培育的，认真思索用什么方法才能提高公众食品的安全性。从这一点看来，也难怪处在疯牛病风口浪尖的欧洲人对转基因食品的安全性更为焦虑。

虽然围绕转基因食品的各种争论尚无定论，但是也有人提出了相关的立法问题，解决该产品可能会对人类健康和环境造成的危害。转基因食品可能会导致过敏、中毒等不良反应，甚至会无意中给人体引入其他基因。而且，就环境来说，引入的基因可能会长出“超级种子”，一旦害虫对这些转基因农作物产生抗体，可能会对其他农作物造成损害。

对人类健康的威胁

我们都知道，有小部分人群会对某种或某几种食品有过敏反应。最常见的过敏源有牛奶、鸡蛋、大豆、小麦、花生以及各种坚果。过敏反应的严重程度也不尽相同。最严重时会导致呼吸困难、嘴和喉咙肿痛、血压降低，某些时候还会导致过敏性休克甚至死亡。

因此，如果把某种可能是过敏源的植物体内的基因植入另一种食品内，就可能会导致健康问题。比如，20世纪90年代初，杜邦公司的子公司先锋良种国际有限公司开发出一种转基因大豆，其中含有来自巴西坚果的基因(巴西果提取物)。公司引入这种基因旨在提高大豆中蛋氨酸的含量,天然大豆中往往缺乏这种必要氨基酸。但是内布拉斯加大学的研究发现,巴西坚果的过敏性质会直接转移到转基因大豆中,引起相同的过敏反应。在转基因食品出现之前,如果人们对某种食品过敏的话,可以提前采取应对措施避免使用该类食品。但是,一个对巴西坚果过敏的人,可能会觉得大豆是安全可食用的,丝毫不会意识到转基因之后的大豆也可能带来安全问题。内布拉斯加大学的研究结果公布之后,先锋良种很快就终止了这类大豆的开发及研究。但是,这一事件也揭示出转基因食品潜在的危险,基因转移中很可能导致相关的过敏性质转移。

转基因食品可能带来各种过敏反应,其中最著名的例子就是20世纪90年代安万特植物研究所开发的斯达林科玉米。这种转基因玉米中含有来自苏芸金芽孢杆菌中的基因,可以合成名为Cry9C具有杀虫效果的蛋白质。斯达林科玉米对欧洲玉米螟虫和西南玉米钻孔虫都有抵抗性,而且可能抵抗黑夜蛾的攻击。美国政府批准将斯达林科玉米用做动物饲料和工业生产,但是没有批准用于人类食品。

2002年9月,相关部门检测了用于人类食用的墨西哥玉米卷中Cry9C蛋白质的DNA片段。墨西哥玉米卷中Cry9C蛋白质的含量非常少,少于0.01%,几乎是可用于检测的最小含量。但是安万特公司及其他相关部门还是怀疑这种蛋白质可能会导致部分消费者产生过敏反应。几天之后,安万特公司宣布,2001年公司将不再销售斯达林科玉米,而且所有食品店中现存的含有这种转基因玉米的墨西哥玉米卷及其他食品都必须被召回。

与此同时,美国各种法律相关的机构也开始对斯达林科玉米可能造成健康威胁这一事件进行再审。到2001年中期，3个主要机构都发布了有利于安万特公司的论断。2000年10月12日，环境保护管理局宣布，“没有任何证据表明含有斯达林科玉米的食品会对人体造成过敏反应，而且环境保护管理局的立场是，即使有风险的话，概率也非常非常低。”两个月之后，科学顾问委员会给环境保护管理局致函，题目为《关于斯达林科玉米的科学评估》，报告中称“人体对该物质过敏的可能性非常非常低”。2001年6月，美国疾病控制及预防中心（简称CDC）向食品和药品管理局提交了他们的研究结果，研究重点关注报告对含斯达林科玉米类食品过敏的那部分人群。虽然这部分人群确实有过敏反应，但是疾病控制及预防中心研究委员会研究认为，原因并非是斯达林科玉米，报告称“没有证据表明这部分人的过敏反应是由于对Cry9c蛋白质过敏造成的”。虽然有这些正面的研究结果支持，但是2000年10月，安万特公司还是决定撤回市场上的斯达林科玉米。

人们对转基因食品的关注第二大焦点集中在食品的毒性问题上。植物在长期进化过程中发展出了一种自我保护的本领，就是可以分泌名为植物毒素的物质抵御各种天敌的侵害，从细菌、真菌、昆虫、食草动物到人类。比如土豆就可以分泌配糖生物碱毒素。配糖生物碱是一类复杂的有机化合物，包括糖、生物碱（含氮的杂环化合物）及其他有机化合物。配糖生物碱毒素会导致一系列健康问题，比如抑制中枢神经系统，致癌，影响肾功能，等等。植物中最常见的两种配糖生物碱是茄碱和卡茄碱，其化学结构见图4-12。

但是加热土豆就可以破坏配糖生物碱，而且这种化合物质只在浓度很高的时候具有毒性，因此一般不会危害人类健康。不

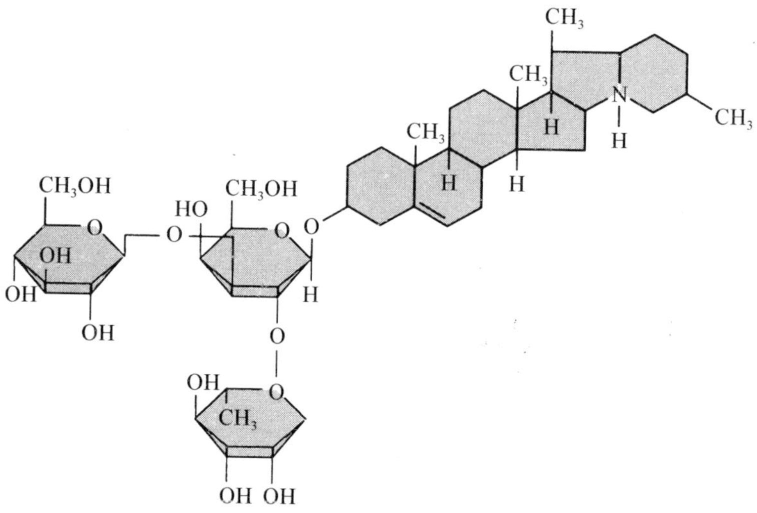

α-茄碱

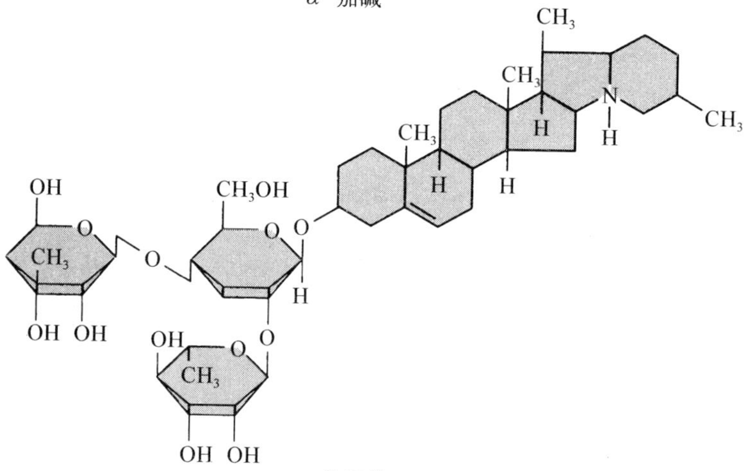

α-卡茄碱

图 4-12　α-茄碱和α-卡茄碱的化学结构

过，也有研究者指出，将基因引入食品中可能无意间引入某些植物毒素基因，对人体健康造成威胁。虽然目前为止尚无类似的事件发生。

本章开头也提到过，DNA重组技术可以为某些植物提供抵御抗生素的能力。这一过程在DNA重组领域十分常见，因为研究者很容易就找到能和目标生物相结合的基因。但是这种技术却非常可能对人体健康造成威胁。我们不妨试想一下，假如某种转基因食品中含有两个基因，一个用于提高食品的营养价值，另一个用于抵抗某些抗生素，如果有人食用了该种转基因食品，而随后又由于患了某种疾病而必须注射相应的抗生素的话，那么后果会怎样？我们很容易想到食品中的基因会损害注射的抗生素，这个人的病也丝毫不会好转。虽然目前还没有研究表明食用了转基因食品之后肯定会有上述后果，而且想要检测这种效应也很困难，但是，毫无疑问，人们还是会担心这种技术会导致不利于人体的抗生素反应。

综上所述，不管有无科学依据，人们都以不同的方式表达了对转基因食品的忧虑，担心这类食品可能危害人类健康。虽然人们确实不该忽略可能存在的不利影响，但是实际上这些忧虑并没有多少科学证据。西班牙洛维拉·依维尔基里大学药物和健康系教授约斯·多蒙高就这一问题作了一份研究报告。2000年，多蒙高对转基因食品的不良影响做了一次非常广泛的调查。他研究了212份报告，其中只有7份给出了科学依据。而其余的报告中，虽然包括了各种对转基因食品的评论、观点、意见及其他观察资料，但是却没有任何科学依据。

对环境的影响

转基因食品对环境也可能有不利影响，其中最令人忧虑的就是植入植物体内的基因可能流入周围环境中，然后转入其他同系植物体内。有的专家指出，这种忧虑并非空穴来风，因为某些农作物及杂草彼此之间有着非常近的亲缘关系。比如向日葵、高粱、改良油菜子和南瓜都有亲缘关系十分相近的杂草亲戚，可以互相杂交。如果杂交成功的话，这些杂草将和转基因农作物（见图4-13）一样具备抵抗除草剂的能力，成长为“超级野草”，更难控制。农民们为了除掉杂草，很可能得使用更强劲的除草剂，用量也必须加大，这样对环境的危害也就更大。

由植物组织培养成的生长在试管中的谷类。（罗森菲尔德图片有限公司/图片研究者有限公司）
图4-13 微生植物

2001年底，英国自然环境研究小组进行了一项研究证实了这一可能性。研究表明，加拿大种植的某些油菜子油农作物中植入的抗除草剂基因流入了周围环境中，导致农田里生长的杂菜也含有了该种基因。该研究小组的生物技术顾问布赖恩·约翰逊指出，使用了转基因种子之后，“自生植物将更难控制，农民将不得不使用其他的对环境危害更大的除草剂控制这些杂草”。

但是这类转基因农作物的制造商却提出了不同的观点。德国化工公司艾格福（赫司特·先灵·艾格福有限公司）的代言人指出，转基因农作物花粉的传播范围不可能超出30英尺（约10米）。即使基因确实发生转移，受影响的植物种子也不会成为超级种子，而仅仅只会对该农作物针对的除草剂有抗药性。此外，他们还认为，这类情况并不会改变农民使用除草剂的现状，因为不管怎么说，不管用何种方式，他们都必须要控制杂草，这是不可改变的。

支持使用转基因农作物的人认为这样可以大大减少杀虫剂的用量。如果农作物中可以引入某种能置害虫于死地的基因，就无需再喷洒杀虫剂了。而就世界范围来看，农业生产中杀虫剂的过量使用正是最令人忧心的破坏环境的问题。2003年8月，澳大利亚公众财富及工业研究会（简称CSIRO）的一份研究报告指出，自从使用了孟山都公司开发的名为保铃Ⅱ生物工程棉花之后，该国种植棉花的农民使用杀虫剂的量减少了50%。保铃Ⅱ正是针对螟蛉、黏虫、环虫等危害棉花的常见害虫开发研制的。

但是也有评论者给出了相左的意见，他们认为，种植了像保铃Ⅱ这类转基因农作物之后，最终会导致害虫的后代更为强大，对该种杀虫剂产生抗药性。因此，要想控制害虫的话，杀虫剂的用量必须逐年增加。但是支持用转基因技术控制害虫的人也回应说，只要使用杀虫剂，不管是采用喷洒药剂还是植入基因的方法，上述情况都会发生。而使用了基因工程技术之后，至少可以减少或免除食用杀虫剂的其他危害（比如接触使用杀虫剂的工人就不必再冒风险）。

在这场对转基因食品的论战中，各方都发表了大量的研究报告，引发了社会各界对转基因食品的抵触情绪。1999年，康奈尔大学的约翰·罗西领导的研究团队报告了一项研究结果。他们将瑞士化学公司诺华公司开发的转基因玉米的花粉传授给乳草，然后用该乳草叶子喂养黑脉金斑蝶的幼虫。结果发现近半数幼虫死亡，活下来的也没能正常发育。该结果一发表在英国声望很高的《自然》科学期刊上，消费者协会和科学家都开始抨击转基因植物。英国两家最大的连锁超市塞恩斯伯里和冰岛也相继宣布将撤下所有的转基因食品。

也有科学家反对这种草木皆兵的应对措施。他们指出，罗西仅仅给出了一些初步的信息，而且比较起来，由于墨西哥生存环境的恶化，死于环境因素的黑脉金斑蝶数量比死于转基因玉米的要多得多。2000年11月，芝加哥举行的大会上，昆虫学家聚在一起，仔细讨论了黑脉金斑蝶和转基因玉米的相关研究。他们得出结论，认为生活在种植了转基因玉米地区的黑脉金斑蝶和其他地区的黑脉金斑蝶存活率并没有显著不同。马里兰大学的研究者也作了一项研究，结果发现，生活在种植了转基因农作物环境中的黑脉金斑蝶比生活在喷洒了农药的环境中的存活率高很多。

我们可以看到，对于转基因农作物是否会对环境造成影响目前尚无定论，人们提出了各种各样的可能性，但是目前支持这些观点的科学证据还是寥寥无几。

法律问题

随着人们对转基因食品历史弥久、长期不断的争论，这类食品是否应该由政府部门管理控制发放准许证书也成了人们争论的焦点。而美国和欧洲却选择了截然不同的方式解决这一问题。在美国，政府规定转基因食品也必须遵循其他食品相关的法律。首先，要想试验种植转基因种子，必须经美国农业部下属的动物及植物健康检查局（APHIS）批准，如果研究项目得到政府资金的支持的话，还得经国家DNA重组技术顾问委员会（NIH-RAC）批准。随后，厂家若想生产该产品且用于人类食用的话，必须经美国食品和药品管理局批准，如果不是用于人类食用的话，则必须经动物及植物健康检查局批准。此外，如果产品有可能导致环境污染的话，还必须经过美国环境保护管理局同意。而一旦某种转基因新产品通过这重重障碍之后，就没有什么别的限制了，可以出售给农民、消费者，用于工业生产及其他用途。美国历史上唯一一次要求给转基因食品贴标签是在2002年，有议员提议，要求俄勒冈州出售的所有含有转基因食品的商品都必须贴好标签，俄勒冈州就这一提议举行了全州投票。不过最终以75%反对、27%赞成拒绝了这一提议。

欧洲的情况截然不同。早在1990年4月，欧盟议会就开始采取法律措施对转基因食品进行控制。接下来的10年里，欧盟陆续获准了9种转基因食品上市。但是到了1997年，欧盟许多国家改变了政策，开始禁止销售转基因食品，包括那些在1990年已经法律批准通过的转基因食品也纷纷下市。某种程度上，这些禁令是出于一个哲学理念，即防患于未然。这一理念认为，即使某些行为目前尚无科学定论，尚不能确定是否会有危害，但是政府还是应该采取法律措施阻止可能的不良后果。比如现在许多人也认为，燃烧传统能源有可能会造成严重的环境污染，因此我们必须采取措施减少二氧化碳排放。而许多欧洲国家政府认为，防患于未然这一理念也适用于转基因食品，虽然目前尚不知道这类产品是否肯定会危害健康，破坏环境，但是只要有这一可能性，我们就应该谨慎开发使用这类产品。

1999年6月，基于这一理念，欧盟环境部通过了一项关于转基因食品的非正式禁令，禁止欧洲范围内开发新的转基因食品，至少4年内禁止进口任何转基因食品。

欧洲的这一措施激怒了美国。美国认为，欧盟禁止进口转基因食品违背了美国和欧盟之间签署的自由贸易协议。美国新闻发言人指出，自由贸易协议任何一方都不得颁布禁令阻碍双方之间商品的自由流动。2003年初，由布什政府批准，美国正式向世界贸易组织（WTO）控告欧盟这一行为。

但是，在WTO接受这一案件之前，欧盟就已经开始反省它们对转基因食品的态度。欧盟最高法院规定，法国无权禁止1990年经欧盟批准的3种转基因农作物。欧盟各成员国也逐渐开始接受转基因食品，只要有严格的标签，并且可追踪到生产厂家，就可以进行生产。2001/18/EC号法令中详细规定了这些标准：（1）凡是含有0.9%以上转基因有机物（GMOs）的食品都必须贴有详细标签；（2）所有转基因食品必须含有可追踪标签。可追踪标签是含在转基因食品中的一小段DNA，对人体健康、环境和植入该DNA的有机物都无影响，但是该DNA片段可以提供生产厂家的信息（见图4-14）。如果发现某食品对人体健康和周围环境有危害的话，政府部门可以根据追踪

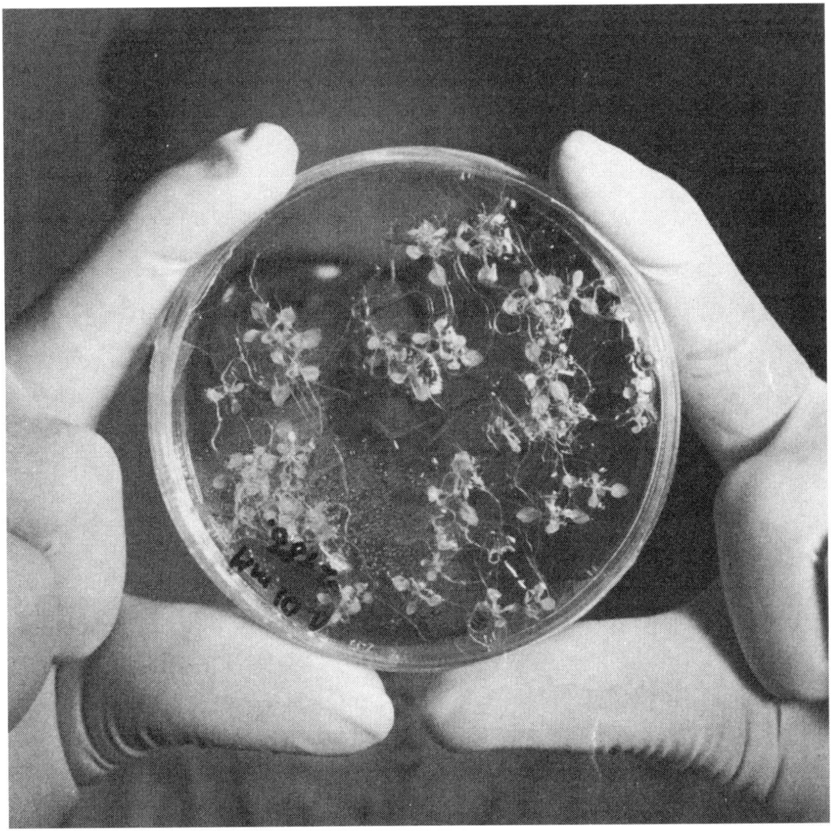

图中的转基因种子中含有DNA“标签”，根据这些“标签”可以查出种子生产商是谁。

图4-14　DNA“标签”

标签跟踪到该产品的生产厂家。

2004年5月，欧盟委员会批准了瑞士公司先正达开发的转基因玉米，也就意味着欧盟对转基因食品的禁令走向终结。2006年，欧盟确立了转基因食品的批准标准：首先，提交的产品必须对人体、动物及环境都无危害；其次，每种产品都得建立在“自由选择”的基础上，也就是说农民和消费者都有充分的权力自由选择是否使用转基因农作物或者转基因食品，厂家必须提供充分的信息供人们作决定。

在世界上许多国家，转基因农作物和食品都是争论的焦点问题。虽然许多农民和消费者都认为这类产品是对世界的一大贡献。但是与此同时，反对者可能也很担心这类产品会对人类和动物健康造成威胁，甚至可能危害环境安全。

五

食品诱发的疾病及食品辐照

科罗拉多州公众健康及环境安全部成了公众关注的焦点。1997年8月的第一个星期，该部门接到了大量的公众投诉说吃了某种牛肉之后纷纷患病。部门研究员经过调查发现，其中5人都是吃了泰森食品公司名下哈德森食品公司生产的牛肉。于是科罗拉多州公众健康及环境安全部和美国农业部（USDA）联系，建议他们调查一下哈德森食品公司位于内布拉斯加州哥伦布市的牛肉生产线。

美国农业部的检测结果很不理想。结果显示，当年6月，哥伦布市加工厂的工人在牛肉生产过程中有不卫生的操作，致使牛肉产品中含有大肠杆菌，散布到了美国许多个州。大肠杆菌通常生活在人或动物肠道内。大部分大肠杆菌对人体无害，还是保持正常消化功能必不可少的有益菌。但是也有一些大肠杆菌会分泌毒素，引发腹泻、肾炎等各种疾病。大肠杆菌 O157:H7 就是最常见的有毒大肠杆菌。美国农业部最后得出结论，认为科罗拉多州的一部分病例正是由于哈德森食品公司哥伦布市加工厂生产的牛肉中含有大肠杆菌O157：H7造成的。

因此美国农业部要求哈德森食品公司暂时关闭哥伦布市的牛肉加工厂，销毁生产线上的全部牛肉，并且召回由哥伦布加工厂运出的全部牛肉产品（在美国，农业部有权监测食品加工工厂，但是无权采取行动关闭工厂，也无权召回受污染的食品）。最后，哈德森食品公司要求速食店、食品店等销售点销毁或回收哥伦布加工厂生产的牛肉，总数达2 500万磅。

1997年8月底，美国农业部宣布病例中的20多例大肠杆菌感染都是由于哈德森食品公司哥伦布加工厂生产的牛肉导致的，但都无致命危险。虽然本次事件中销毁加召回的牛肉总量比较大（超过2 500万磅），但是美国每年加工生产的牛肉达80亿磅，相对来说污染牛肉仅占1%。

在美国历史上，哈德森事件并不是最严重的食品致病事件。最严重的大肠杆菌中毒事件发生在1993年，华盛顿州盒子杰克连锁店的700多名顾客都因食用了污染牛肉而出现中毒症状，其中4人死亡。1999年，又有两起大规模的食品中毒事件爆发，一次在伊利诺伊州，另一次在纽约州。这两次事件都是由于人们食用了含大肠杆菌的食物导致的。伊利诺伊州彼得斯堡市爆发的中毒事件也称“玉米秆”事件，20多家当地医院有200多人因中毒就医。据1999年9月纽约州《华盛顿乡村报》报道，当时该州有751例确诊及疑似大肠杆菌中毒案件。

食品诱发的疾病及预防措施

食品诱发的各种疾病已经困扰了人类数个世纪。据史料记载，第一任罗马皇帝奥古斯都（公元前63年—公元14年）患了伤寒，他的医生安东尼斯·穆萨将他浸在冷水中进行治疗。历史上首次对伤寒的描述是在1659年，英国医生托马斯·威利斯（1621—1675）详细描述了伤寒的症状和影响。但是直到两个世纪之后，人们才逐渐了解了伤寒的病因。1819年，法国医生皮埃尔·费德里·布瑞特里（1778—1862）提出了伤寒可能的传播机制。他在描述传播机制的时候还运用了自己总结的简单的疾病细菌理论，这一理论后来经路易斯·巴斯德作了详细阐述和拓展，巴斯德也因此成了细菌理论的“发现者”。

托马斯·威利斯（1621—1675）

如果说我看得更远的话，那是因为我站在巨人的肩膀上。

上面这句话出自艾萨克·牛顿爵士，这句话也体现了许多伟大天才对成功的理解：科学上的伟大成就（其他领域也是如此）离不开数不清的前辈的坚持不懈的努力。虽然有的时候这些先驱也声名远扬，但是大多数时候，他们的名字不仅不为世人所知，连该领域的专家都不曾听说过。17世纪最伟大的生物学家托马斯·威利斯就是这样一位默默无闻的先驱。

1621年1月27日，托马斯·威利斯（Thomas Willis）生于英国威尔特郡贝德文。他的父亲是贝德文庄园的管家，年幼的威利斯接受了当时为工人阶级的孩子提供的教育。随后威利斯进入牛津大学，1637年获学士学位，1639年获硕士学位，1642年获第二硕士学位，1646年获得行医执照。威利斯进入牛津大学的时候，曾经想要进入政府部门工作，但是随着英国内战的爆发（1642—1651），他逐渐改变了想法。由于威利斯支持保皇党，为了避免和教会发生任何冲突，他决定转而从医。因此1660年查理二世重新登上皇位时，保皇党人非常赞赏威利斯的行为，给予他很大支持，在许多有钱有地位的大人物的支持下，威利斯很快成为伦敦广受欢迎的医生。

威利斯涉足了多门学科，比如解剖学、生理学、药理学、化学等，而且他把从这些学科学到的知识用于解决医学问题。对医学领域的许多问题威利斯都有自己独到的见解。1664年，威利斯出版了他最有名的一本书《大脑解剖学》，这本书曾经一度成为医学院中枢神经解剖学的基础教材。在书中，威利斯首次描述了大脑某个区域的头盖骨位置及内部动脉分布，这一脑区现在也称威利斯脑底动脉环。

威利斯首次定义了伤寒症、肌无力、产后发热等疾病，根据威利斯建议，产后发热后更名为产褥热。每种疾病，威利斯都给出了详细描述，包括症状、发病期、严重程度、复发情况以及建议的治疗措施。他还重新阐述了多尿症和尿液中糖含量之间的关系，古希腊人曾提到过这一事实，但是随后却被人们淡忘了，直到威利斯重新提起才又为世人所知。威利斯还拓展了对多尿症的认知，指出多尿症有多种形式，其中最危险的一种就是糖尿病。

除了在伦敦行医之外，1660—1675年间，威利斯还任牛津大学自然哲学系教授，辅导解剖学、药理学和化学。威利斯还是许多有影响力的社会及专家团体的成员，包括牛津大学哲学俱乐部（皇家社会学院的前身）、皇家社会学院、皇家医学院等。1675年11月11日，威利斯因肺炎在伦敦去世，葬于威斯敏斯特教堂。

现在科学家已经了解了200多种不同的由食品诱发的疾病，其中大部分都是由病毒、细菌、寄生虫、朊蛋白、原生动物等生物病原体导致的。也有的食品诱发的疾病是由重金属、有毒物质等化学物质导致的，当然也有的疾病由物理因素造成，比如骨头或金属片等。表5-1列出了某些典型的食品诱发的疾病的例子。

表5-1　一些常见的食品诱发的疾病

疾　　病	诱　　因
沙门氏菌感染	属于沙门氏菌类的2 000多种细菌
霍乱	弧菌（一种S形霍乱菌）

续 表

疾　　病	诱　　因
李斯特菌感染	单核细胞增生李斯特菌（细菌）
波特淋菌中毒	肉毒杆菌（细菌）
贾第鞭毛虫病	贾第虫（原生寄生虫）
旋毛虫病	旋毛线虫（一种肠寄生虫）
肝炎A	肝炎A病毒
鲭亚目鱼病（组胺）	某种海洋生物分泌的毒素导致的中毒反应

除此之外，科学家还了解了各种食品诱发的疾病的病理学机制，各种疾病的传播途径，治疗及预防办法，等等。食品诱发的疾病可分为两大类：食物中毒和食物传染。食物中毒是食物中的细菌分泌毒素（有毒物质）导致的。人食用了受污染的食物之后，食物中的毒素会诱发各种疾病，严重时甚至会导致死亡。葡萄状球菌和肉毒杆菌就是两种常见的能诱发食物中毒的细菌。它们分别会引发葡萄状球菌中毒和波特淋菌中毒。食物中毒一个最重要的特性就是病原细菌死亡并不代表着疾病就能好转。这是因为导致疾病的是细菌分泌的毒素而不是细菌本身，因此即使体内没有细菌残留了，仍然可能有不良症状。

和食物中毒不同，食物传染是因为细菌或其他微生物侵入消化系统感染了肠道上皮细胞造成的。微生物致病不仅仅因为它们能自我复制，而且还因为微生物可能感染或分泌毒素破坏寄主细胞。比如沙门氏菌属的细菌就是最常见的引发食物传染的细菌。沙门氏菌家族的一员伤寒杆菌是伤寒的罪魁祸首。而另一成员肠炎沙门氏菌正是20世纪80年代首次爆发沙门氏菌病的病原体，大部分感染沙门氏菌的人都是由于食用了生鸡蛋（比如食用了自制蛋黄酱）。科学家研究发现，肠炎沙门氏菌十分适合生活在鸡的卵巢里，受细菌感染的鸡产的蛋就会携带致病细菌。

食物能以各种不同的方式导致各类疾病。某些情况下，食物只是病原体（比如病毒或微生物）的载体，携带致病因子进入消化系统。用作载体的食物完全不需要适合该病原体生存繁殖，因为食物本身仅仅是病原体进入人体的媒介。一旦病原体进入体内，就迅速开始生长、繁殖、释放毒素等以各种方式破坏寄生主体。也有一些情况下，携带病原体的食物也能为病原体提供生存繁殖必需的营养物质。细菌感染就属于这种情况。一旦细菌进入食物中，就利用其中的营养物质进行自我繁殖，最终导致食物中毒或食物感染。

美国食品相关疾病的发展趋势

1999年，美国疾病控制及预防中心进行了一项大范围的研究，调查美国逐年发生的和食品相关的疾病的数量种类及死亡率（保罗·密德等，《美国和食品相关的疾病及死亡情况》，《新兴传染病》，1999年9—10月刊，607—617页；1999年之后CDC进行的调查范围相对较窄，仅涉及10个州）。研究结果显示，美国每年共有7 500万例食品诱发的病例，其中32.5万例需就医治疗，5 000起直接导致死亡。其中不到一半的病例是由已知的病原体造成的（约1 400万起）。在可识别的病原体致病的病例中，超过1/3的死亡病例都是由沙门氏菌、利斯特杆菌和弓浆虫3种细菌造成的。值得注意的一点是，大量的患病（6 200万）、住院（26.5万）、死亡（3 200）病例都是不明病原体造成的。研究报告最后指出，“总之，调查结果显示，食物诱发的疾病比我们起初设想的要多，但死亡率却比估计数目少”。表5-2列出了密德等人的研究报告统计的美国境内最常见的致病病原微生物以及各自的患病、住院及死亡人数。

现在，与食品相关的疾病受到国家及各州政府部门的密切关注和严密监控。一旦某地发生了和食品相关的疾病，工作人员必须马上向国家或州立健康部门报告病情的特征及蔓延情况。政府健康部门必须尽量收集每次疾病爆发的相关信息，包括地点、患病人数、日期、患者的症状特征以及这期间的相关研究结果。我们目前能得到的最近的数据是2004年，2004年美国共爆发食品相关类疾病1 200次，表5-3给出了其中一些案例的信息。

表5-2 美国境内某些食物中含有的病原体导致人类患病、住院及死亡的百分比

病原体		患病		住院		死亡	
		总数	百分比*	总数	百分比*	总数	百分比*
细菌	蜡状芽孢杆菌	27 360	0.2	8	0.0	0.0	0.0
	弯曲杆菌	1 963 141	14.2	10 539	17.3	99	5.5
	大肠杆菌O157：H7	62 458	0.5	1 843	3.0	52	2.9
	单核细胞增生利斯特菌	2 493	0.0	2 298	3.8	499	27.6

病原体		患病		住院		死亡	
		总数	百分比*	总数	百分比*	总数	百分比*
细菌	非伤寒类沙门氏菌	1 341 873	9.7	15 608	25.6	553	30.6
	食物中含的链球菌	50 920	0.4	358	0.6	0	0.0
	耶尔森氏鼠疫杆菌	86 731	0.6	1 105	1.8	2	0.1
寄生虫	隐鞭胞子虫病	30 000	0.2	199	0.3	7	0.4
	贾第鞭毛虫病	200 000	1.4	500	0.8	1	0.1
	弓浆虫	112 500	0.8	2 500	4.1	375	20.7
病毒	诺沃克致病因子	9 200 000	66.6	20 000	32.9	124	6.9
	轮状病毒	39 000	0.3	500	0.8	0	0.0
	星状病毒	39 000	0.3	125	0.2	0	0.0
	肝炎A病毒	4 170	0.0	90	0.9	4	0.2

*在所有食物导致疾病中所占的比例。

数据来源：保罗·密德等人著，《美国和食品相关的疾病及死亡情况》，《新型传染病》，1999年9—10月刊，第607—617页，P61199

表5-3 2004年某些食物导致的细菌疾病发作情况

病原体	州	病例数目	传播媒介	传播地点
蜡状芽孢杆菌	康涅狄格州	11	鸡肉，烤	高级会馆
空肠弯曲菌	爱荷华州	32	全脂奶，未经高温消毒	旅店饭厅

续 表

病 原 体	州	病例数目	传播媒介	传播地点
韦氏梭菌	密歇根州	56	意大利面，不明	家里
埃希氏菌O158：NM	佐治亚州	2	紫花苜蓿芽	饭店或熟食店
鸭沙门菌	纽约	108	烤牛肉，其他	野餐
肠炎沙门菌	宾夕法尼亚州	4	鸡蛋	饭店或熟食店
海德堡沙门菌	加利福尼亚州	78	三明治，火鸡	饭店或熟食店，家里，工作地点
牛波特沙门菌	威斯康星州	13	不明	护理室
鼠伤寒沙门氏菌	加利福尼亚州	23	火鸡，不明	监狱
弗氏志贺菌	新泽西州	6	通心粉沙拉，凉拌卷心菜，土豆沙拉	饭店或熟食店
金黄色葡萄球菌	俄亥俄州	132	冰激凌，生产过程	饭店或熟食店，家里

数据来源：《食品相关疾病的细菌病因学》，2004年。网址：http：//www.cdc.gov/foodborneoutbreaks/us_outb/fbo2004/Outbreak_Linelist_Final_2004.pdf.

研究者发现，美国国内食品诱发的疾病中病原体的种类发生了显著的变化。20世纪初期，美国最常见的食品诱发的疾病是伤寒、肺结核和霍乱。但是随着食品安全监管力度的增强（比如用氯净化饮用水、食品罐装及保鲜技术的完善，用巴斯德杀菌法消毒牛奶等），这3类病原体导致的疾病数目急剧减少。图5-1显示了1920—1960年美国患伤寒病人数的变化趋势。这一曲线也代表了肺结核

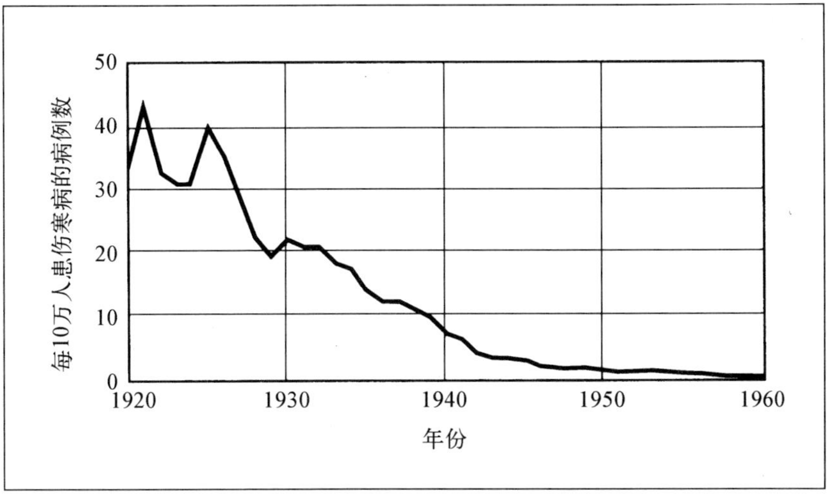

图5-1　美国伤寒病的发病率（每10万人）

和霍乱等常见食品相关疾病的变化趋势（到1960年，患伤寒的人数基本降为零，而1960年之后也一直保持接近零的水平，因此图中曲线仅取到1960年为止）。

近十几年来，诱发食品相关类疾病的病原体种类也有显著变化。在20世纪80年代之前，人们甚至不认为大肠杆菌O157：H7、单核细胞增生李斯特菌、空肠弯曲菌等病原体能够诱发疾病，而现在这些细菌却成为困扰人类的最重要的致病细菌。食品相关疾病的多次爆发都和这3种病原体有关。

从20世纪90年代中期开始，感染食品中检测出许多种新的病原微生物。1996年，危地马拉运出的一船悬钩子中发现了名为卡耶潭圆孢球虫的病原体，导致食用了该悬钩子的人统统饱受痢疾之苦。两年之后，加尔维斯敦海港的牡蛎中又检测出一种新的细菌，名为副溶血性弧菌。据1999年密德关于食品相关疾病的调查报告显示，对美国出现的许多与疾病相关的病原体，人类都还一无所知。

食品相关疾病的预防措施

研究诱发食品相关疾病的诱发源是如何进入食品中的课题，有助于我们预防这类疾病。以病原体为例，只有特定的食物环境下病原体才能生存，比如要求温度适中、一定的湿度以及中性环境（pH值约为7）。因此，人们就可以通过冷冻或加热等特殊的食品加工方式改变病原体的生存环境，进而降低感染病原体的风险。至于混进食物中的骨头、玻璃、木头、金属、塑料等杂质，最好的预防措施就是加倍注意食品加工和包装过程。如果在肉制品加工过程中，没有彻底去骨或者没有很好地把肉和骨头分开的话，产品中就往往会含有骨头碎片。

但是目前最重要的食品安全保护措施，还是要抑制食品中病原体的生长以及破坏食物中已有的病原体。现在，美国大部分州及地区都有严格的方案，对公众场合和食品相关从业人员进行培训及检测（但是目前尚无私人场合的相关规定）。一般来说，方案至少包括以下一些基本方面：严格的个人卫生，食品要彻底熟透，合适的冷藏手法以及生熟肉必须严格分开。

个人卫生没有做好是食品诱发疾病的一个常见原因。食品加工者在加工食品过程中，随时都有可能将外面的病原体引入食品里。但是只要做好一件事情就可以大大减少这一风险，那就是洗手。许多食品加工的操作规范里都提到，工作人员在以下情况下都必须好好洗手：进过盥洗室之后；打喷嚏、咳嗽或擤鼻子之后；吃饭、喝水及吸烟后；扔垃圾或其他方式处理过垃圾之后；用过清洁剂之后；处理生肉前后都必须洗手。

第二种预防食品相关疾病的方法就是食物上桌之前必须充分烹饪熟，储存时也必须在合适的温度下。虽然不同的病原体情况有所不同，但是只要加热到足够高的温度、足够长的时间就能够杀死所有的病原体。比如家禽类食品必须至少加热到165℉（74℃），而猪肉、牛肉、鱼等食品仅须加热到145℉（63℃）。

40℉~140℉（4℃~60℃）之间是食品危险区，这一温度范围内，病原体生存繁殖的概率最高。低于40℉（4℃）时，病原体活性就会受阻甚至死亡。而140℉（60℃）以上时，大部分病原体都会被杀死。这一常识就为我们提供了一种行之有效的预防办法，我们知道什么时候食物中就不再会有病原体存在——食品加热到140℉（60℃）以上，什么时候病原体活性受到抑制——食品冷却到40℉（4℃）以下。而且根据这些知识，相关部门也制定了如下食品加工和储存相关的规定：

- 储存食品之前尽快冷却，比如可以迅速放在冰水或冰箱中。快速冷却可以减少食品处在危险区的时间。
- 冷却时要不断搅动食物。搅动可以增加食品周围的冷空气，使其尽快降到食品危险区温度范围之下。
- 如果可以的话，尽可能将食物切成小块减少冷却时间。
- 如果食物需要再次加热的话，就要尽可能快地加热，也是为了缩短食物处于危险区的时间。

病原体从一种食品转移到另一种食品中，不管直接转移还是间接转移都称交叉感染。如果食品加工人员刚刚在一张桌子上切过生鸡肉，又开始在同一张桌子上做沙拉的话，生鸡肉可能随后就会经过烹饪达到足以杀死病原体的温度，而沙拉则不会，那么消费者吃沙拉的时候就有可能间接接触到来自生鸡肉的病原体。为了避免交叉感染，食品加工者必须将所有接触过可能含有病原体食品的地方进行彻底清洁。

只有食品加工人员了解并严格执行了上面所说的这类食品安全措施，才能保证我们食用的食品中没有可能诱发各种疾病的病原体。不管是公共场合还是我们自己家里，这些方法都适用并且是行之有效的好办法。

食品安全的管理措施

保护民众远离与上述食品相关的各种疾病是各级政府部门的首要任务，不论是国家还是各州政府都是如此。也正因为食品安全问题对各个政府部门都至关重要，因此相关的法律规定也彼此交错格外复杂。就国家层面来说，食品安全的管理主要归四大政府部门：食品和药品管理局，隶属健康及人类服务部（简称DHHS）；食品安全及检测部（简称FSIS）和动植物健康检测部（简称APHIS），这两个部门都隶属美国农业部（简称USDA）和环境保护署（简称EPA）。其他和食品安全相关的部门还包括：国家海洋渔业局（NMFS），隶属商业部；谷物包装、检测及储存管理局（简称

GIPSA），隶属美国农业部；疾病预防及控制中心，隶属健康及人类服务部。

环境保护署的主要职责是监控农作物种植及动物养殖过程中杀虫剂的使用，保护国家的水源质量，其中主要是负责用于灌溉的水质保护。1947年，美国通过杀虫剂、杀真菌剂、灭鼠剂法案（简称FIFRA法案），对杀虫剂使用作出种种规定，并且授予EPA保护食品安全的权利。

美国农业部负责管理牛肉、猪肉、家禽类以及少数其他肉制品，而大部分其他食品则归食品和药品管理局负责，比如水果、蔬菜、水产品、鸡蛋、牛奶等。1906年，美国通过《纯净食品及药品法》（PFDA），接着就创立了食品和药品管理局，负责管理食品安全问题。随着《纯净食品及药品法》的一系列修正案的通过，食品和药品管理局的职权范围也逐渐扩大不断更新。食品和药品管理局要管理的事情数不胜数，比如监管食品添加剂的安全、向公众传授食品安全相关的各种知识、监管生物技术开发的食品（比如转基因食品）、检测食品标签、研究食品诱发的相关疾病等。食品安全及营养管理中心就是食品和药品管理局下属的一个重要的管理食品安全的机构。食品和药品管理局还下设了相应的专门管理动物饲料安全问题的机构，即兽医管理中心。

美国农业部下属名目繁多的部门负责监测各种食品加工工厂，国家也制定了各种法律管理各种相关食品。相关的法律有：1906年《联邦肉类检测法》（FMIA），1957年《禽类食品检测法案》（PPIA），1970年《蛋类食品保护法案》（EPIA），1996年《食品质量保护法》（FQPA），1944年公众健康保护法案》（PHSA）及其修正案。食品安全检测部（FSIS）和动植物健康检测部（APHIS）就是美国农业部下属的两个部门，负责确保这些法律得以有效执行。比如食品安全及检测部负责制定屠宰动物及食品加工过程中的相关细则（比如农作物消毒及加热过程等）以及肉类禽类食品的商标注册。此外，食品安全及检测部还要对食品加工过程中的农作物进行化学和微生物学等各方面的检测，协助疾病预防及控制中心调查食品相关类疾病的情况。其他国家出口到美国境内的各类食品，也都要经过食品安全及检测部的检测，食品安全及检测部还要定期调查这些国家的食品安全问题以及国内各州的相关情况，确保它们都能够符合国家标准。

动植物健康检测部的职责是保护美国农业安全，防止动植物害虫及有毒杂草的传播蔓延。动植物健康检测部下设6个主要部门：动物治疗局，植物保护及检疫，兽医管理局，野生动物管理局，国际事务管理局，生物技术管理局。而近几年来，最后这两个局发挥着越来越重要的作用。其中生物技术管理局负责管理检测转基因食品，而国际事务管理局负责检测进口食品的安全问题。2003年，动植物健康检测部在全球6大洲27个国家都设有办事处，聘请了300多名专家负责食品安全及检测。他们的职责就是对所在国家的病虫害进行调查、灭除及控制，比如地中海果蝇（墨西哥、危地马拉）、墨西哥果蝇（墨西哥）、棉籽象鼻虫（墨西哥）、杨桃果蝇及热带扁虱（加勒比海岛）、软水草（墨西哥）、螺旋锥蝇（巴拿马）、口蹄疫（墨西哥、哥伦比亚、中美及巴拿马）等。

但是美国食品安全管理存在一个问题，国家及州政府无权召回受污染的食品，这一点也遭到许多消费者团体的反对。根据法律规定，美国政府有权警告食品加工厂，有权要求法庭进行调查，有权建议食品生产、分销及销售商撤回有问题的食品，但是他们无权亲自干涉这些事情。但是就实际情况来说，加工厂很少忽视政府部门对有问题食品提出的建议及相关要求。

根据食品和药品管理局相关条例规定，如果发现某种食品对人类健康不利的话，相关厂家可以采取如下几种措施：

- 重新补充库存，零售商将产品退回生产者，即使食品本身不存在任何问题，比如仅仅是由于食品过了推荐的保质期或者零售商不愿意再储存类似的商品。
- 产品下市，产品尚未离开食品加工厂但是不能再出售给零售商（原因可以有多种）。
- 更改商标，零售商可以不必把食品退回生产厂家，而直接改动一下相关的商品标签。但是有问题的食品不在此范围内。
- 回收，如果生产商了解到产品不适合人类食用的话，必须召回相关产品。食品和药品管理局给出了3种食品召回的措施：

第一种，适用于可能造成严重健康问题甚至死亡的食品。比如食品中含有单细胞增生李斯特菌、肉毒杆菌或者大肠杆菌O157：H7等都必须执行此类食品召回措施。

第二种，食品中含有的污染成分会造成中等程度的健康问题，但不会造成严重后果也不会导致死亡。大部分沙门氏菌属的细菌及未经检测的食品添加剂造成的食品污染都需要执行第二种召回措施。

第三种，污染食品造成的健康问题非常非常轻微。比如，仅仅是贴错了标签，只需要将相关商品召回重新贴签即可。

综上所述，在过去的一个世纪里，美国为了保护食品在加工、销售、食用中的安全，建构了一个严密的保护网。美国各州及地方政府也制定了各种法律规定协助国家机构，确保美国是世界上食品安全保护做得最好的国家。

美国食品安全情况调查

根据法规规定，政府部门都必须报告他们进行的各种食品检测的次数及相关结果。比如，FSIS每年都要向美国国会提交工作报告，食品和药品管理局也要定期报告对蔬菜水果、牛奶鸡蛋及海产品的检测结果。在2000年的年度总结中，食品和药品管理局报告2000年该机构共对1.3亿种肉制品及85亿种家禽制品进行了检测。如表5-4所示，受感染的肉制品所占的百分比变化很大，最小为羊肉，占0.2%，最大为火鸡，占3%。

表5-4　2000年FSIS的检测结果

种　类	检测的动物数目	禁止食用的动物数目	禁止食用的百分比（%）
牛	35 136 375	188 914	0.54
小牛崽	1 103 173	22 408	2.03
猪	93 385 041	410 814	0.44

续 表

种 类	检测的动物数目	禁止食用的动物数目	禁止食用的百分比(%)
鹅	530 371	1 247	0.24
羊	3 315 532	5 831	0.18
马	50 449	254	0.50
其他家畜	19 065	20	0.10
家畜总数	133 540 006	629 488	0.47
小鸡	8 082 064 151	82 350 929	1.02
成年鸡	166 679 149	10 073 129	5.94
小火鸡	166 026	2 687	1.62
幼年火鸡	259 739 860	1 737 600	0.67
成年火鸡	2 133 739	73 851	3.46
鸭子	23 784 714	453 296	1.91
其他家禽	9 704 016	66 163	0.68
家禽总数	8 547 271 655	94 757 665	1.11

数据来源:《农业部秘书处提交给美国国会的肉类、家禽及蛋类产品检测报告》。网址: http: //www.fsis.usda.gov/pubs/rtc2000/report.pdf.

对蔬菜水果类食品的检测相对来说没有固定时间。近几年来范围最广的一次检测是2000年3月由美国食品和药品管理局发起的。表5-5列出了其中一部分检测结果。食品和药品管理局之所以做这次调查,是由于1997年比尔·克林顿总统签署了一份决议,其中提到"要提高美国消费市场上水果、蔬菜的保护力度,确保它们符合最高健康及安全标准"。克林顿签署这份决议也是受到健康及人类服务部、美国农业部、环境保护署联合提交的一份报告的启发,该报告中提到美国新鲜食品领域应该受到重点关注。食品和药品管理局2000年的年度报告中也指出,虽然国内受到污染的水果、蔬菜的比例很低,但是进口食品却截然不同,几乎一半都受到了不同程度的污染。

表5-5 2000年蔬菜及水果污染情况调查

名称	进口食品情况调查*			本地食品情况调查**		
	样品数目	阳性数目***	百分比(%)	样品数目	阳性数目***	百分比(%)
哈密瓜	151	11	7.2	164	5	3.0
芹菜	84	3	3.6	120	0	0.0
芫荽叶	177	16	9.0	85	1	1.2
刺芹****	12	6	50.0	0	0	0.0
莴苣	116	2	1.7	142	1	0.7
欧芹	84	2	2.4	90	1	0.0
大葱	180	3	1.7	93	3	3.2
草莓	143	1	0.7	136	0	0.0
番茄	20	0	0.0	198	0	0.0

*1999年财政年度(FY)调查报告,取样1 003个。

**2001/2002年财政年度调查报告,取样1 028个。

***阳性=含有病原体。

****刺芹是加勒比海一种与芫荽相似的香草。

数据来源:《食品和药品管理局本地新鲜食品调查报告,2001/2002年财政年度调查》。在线阅读:http://vm.cfsan.fda.gov/~dms/prodsu10.html.

一个保证食品安全的主要措施就是定期进行检测。不仅能为政府部门提供受污染食品的比例、地点等各种信息,也能完善现有的各种法律规定,并且有助于推进新法律法规的实施。

进口食品的安全问题

就食品安全问题来说，政府部门面临的一个最严峻的问题就是世界各地出口到美国的食品数量越来越大。国家及各州政府在确保本国食品安全方面所作的努力有目共睹，不管是食物来源、种类还是加工方式都受到严格的控制。但从21世纪初开始，随着食品工业全球化进程的推进，食品安全保护问题也面临着新的挑战。现在，不管食物是在世界上哪个角落生产加工的，都可以在世界上任何地方买到。比如现在美国人往往买到的草莓既不是隔壁农场种植的，也不是亚利桑那州种植的，而是国外进口的，比如墨西哥。对于美国和健康相关的政府部门来说，如何让进口食品的安全水平达到国内食品的水平就成为一个迫在眉睫的问题。

2003年食品和药品管理局的一项报告中指出，现在美国食品进口的国家达到100多个。进口食品占美国人日常消费的10%，而新鲜蔬菜、水果等食品占到了40%以上。在过去的几十年间，食品销售和其他商业形式一样逐渐发展成一项全球化产业，进口食品占的比例也越来越大。食品和药品管理局的报告中还指出，1996—2003年间，美国进口的食品数量上升了一倍，而且这一增长速度还有越来越快的趋势，预计美国2002财政年进口食品的数量还会增长30%。

在进口食品安全监管方面面临一个很严峻的问题，其他国家不管在资金、技术还是政策上可能都没办法建构像美国这样的保障体系，因此运输到美国的进口食品比美国本土生产的食品受感染的概率要高很多。为了解决这一问题，国际社会有一个共识，要求出口国必须遵守进口国的食品安全规定，必须达到进口国相关的安全标准。

国际社会的这种共识越来越普遍。比如北美自由联盟（NAFTA）就有相关协议。协议的3个签约国美国、加拿大和墨西哥都同意彼此接受相关的食品检测过程。但是北美自由联盟却忽略了食品安全问题。联盟既没有设定最低的食品安全标准也没有要求成员国制定相关的安全标准，仅仅只能靠成员国的自觉自愿的努力保证食品的安全性。

世界贸易组织也面临着同样的问题。根据世界贸易组织规定，成员国之间应遵守相同的食品安全检测系统，结果美国也进口了一些不符合美国国内食品安全标准的产品。据公众联盟（一个非盈利性质的公益团体）的全球贸易监测项目报道，根据世界贸易组织的规定，2002年美国从阿根廷、澳大利亚、巴西、加拿大、墨西哥等国共进口了40亿磅不符合美国食品安全标准的牛肉。

进口食品不符合安全规定也成为公众争论的焦点问题。有数据显示，过去的20年间，美国许多起食品相关疾病的爆发都是由不合规定的进口食品造成的。比如1997年，美国8个州（加利福尼亚、佛罗里达、马里兰、内布拉斯加、内华达、纽约、罗德艾兰以及得克萨斯）和加拿大一个省（安大略）爆发了20多起食品相关疾病。短短两个月的时间里，共有500位确诊或疑似的中毒事件都是由于食用了危地马拉进口的悬钩子。而在此前一年，也有报道称1 000多位患者患了同一疾病。虽然这一事件的缘起没有定论，但是调查人员怀疑是不纯的水中含有的杀虫剂和杀真菌剂污染了悬钩子之后造成的。

即使是努力想保持健康饮食的人也不能保证食用的食物是完全安全无害的。比如1995年，美国17个州及芬兰爆发的由沙门氏菌导致的疾病就是由荷兰进口的紫花苜蓿芽造成的。虽然两个国家一共只有242个确诊的病人，但据专家估计当时被细菌感染的人应该在5 000~24 000之间。1995年的事件是最近一次受细菌污染的紫花苜蓿芽导致的疾病，涉及加拿大、丹麦、芬兰、瑞典、英国和美国。表5-6列出了美国国内进口食品导致的相关疾病的情况。

表5-6　美国食品相关疾病爆发情况的抽样调查

年份	病　原　体	食物传播媒介	病例（确诊）	最初爆发地
1988	肝炎A病毒	莴苣	202	墨西哥
1989	沙门氏菌	哈密瓜	25 000	墨西哥
1990	大肠杆菌O157：H7	扇贝	1 400	南美
1991	沙门氏菌	哈密瓜	400	墨西哥
1992	组胺中毒	金枪鱼	74	厄瓜多尔
1994	志贺氏菌	绿洋葱	171	墨西哥
1995	沙门氏菌	紫花苜蓿芽	242	荷兰
1996	环孢子虫	悬钩子	1 465	危地马拉
1996	大肠杆菌O157：H7	莴苣	27	澳大利亚
1997	肝炎A病毒	草莓	270	墨西哥
1997	环孢子虫	悬钩子	1 012	危地马拉
1997	沙门氏菌	哈密瓜	24	墨西哥
1998	志贺氏菌	欧芹	342	墨西哥

续表

年份	病原体	食物传播媒介	病例(确诊)	最初爆发地
1999	沙门氏菌	芒果	72	巴西

数据来源：1998年5月11日摘自食品安全网。网址：http://131.104.232.9/fsner/1998/5-1998/fs-05-11-98-01.txt.

为了解决进口食品的安全问题，美国相关政府部门采取了多种措施。比如，美国和其他食品进口国达成共识，允许美国检测这些国家的食品安全监测系统。1998年，美国首次行使这一权力，检测了洪都拉斯、特立尼达和多巴哥的食品安全系统。1999年，又检测了另外4个国家，即哥斯达黎加、萨尔瓦多、危地马拉和尼加拉瓜。但是2000年却没有相关检测，因为当时是美国财政年度，食品和药品管理局不得不忙于其他国际事务。

此外，联邦政府还对停泊在美国港口的各类进口食品进行检测。但是，由于进口食品数目庞大，能检测的只有小部分，小于总数的2%。食品和药品管理局、美国农业部及其他政府部门为了更有效地检测进口食品，重点关注那些受污染可能性比较大的国家及食品。随着进口食品的数量越来越大，对检测的要求也越来越高。2002年，食品和药品管理局聘请了300多名新的检测人员负责检测进口食品，2002年实施检测的数目也由2001年的1.2万项增加了一倍，达到2.4万项。2003年又增加了一倍，达4.8万项，但是2004年数目似乎没有明显增长。

2001年9月11日恐怖分子袭击美国之后，进口食品的安全问题越发严峻。美国政府突然意识到，恐怖分子很可能通过许多种方式袭击美国人。比如他们可以将含有病原体的食品出口到美国，造成大规模的传染病等。考虑到这一点，2002年6月12日，由总统布什签署，美国国会通过了《公众安全保护及生物袭击应对措施法案》。法案第三章就涉及保护国家食品的问题，特别是进口食品的检测问题。在法案要求下，食品和药品管理局、美国农业部等部门负责监管食品安全的政府部门必须加大管理力度，增强对进口食品的检测。

以食品和药品管理局为例，这一部门负责监督经船只运入美国的进口食品的安全问题。为了面对严峻的安全形势，食品和药品管理局发起了一项名为“海运进口食品的预先应对”（简称PNIFS）计划。根据这一计划，公司如果想要经海运输送食品到美国的话，必须提前向食品和药品管理局打招呼，并且提供一份相关食品的详细信息。食品和药品管理局在食品运进美国之前就根据公司提供的信息决定是否允许进口该食品。新的海运进口食品的预先应对体系自2003年12月12日起实施。

今后，进口食品的安全保护问题必然会越来越严峻。随着食品工业的全球化进程的不断推进，从世界各国进口的食品占美国人日常生活的比例也将越来越大。如何保证这些食品能够符合美国国内的食品安全标准也成为美国政府面临的重大挑战。生物恐怖袭击也会越来越威胁着美国人的安全。根据政府报告显示，联邦政府不断地提供充足的资金保证食品安全项目的运行，就目前情况来看，这些相关政府部门也很好地应对了这一挑战。

辐照食品能解决问题吗?

这个世纪以来，有些科学家认为辐照是杀死食品中致病病原体的有效方法。辐照食品的历史可以追溯到1895年，德国物理学家威廉·康拉德·伦琴（1845—1923）发现了X-射线，这是一种高能电磁射线，具有很强的穿透力。不到一年之后，伦琴的同事敏莎就提出可以用X-射线杀死食物中可能致病的病原体。10年之后，马萨诸塞技术学院的细菌学家塞缪尔·凯特·普雷斯科特（1872—1962）进行了一项实验，检测放射线是否有杀死微生物的能力。当时罐装食品是一种非常不安全的食品，几乎半数含有不同程度的病原体。普雷斯科特发现，放射性金属产生的伽马射线能够杀死细菌，可以用于罐装食品消毒。普雷斯科特没有将这一研究成果发表，而是直接申请专利用于商业生产，首先使用这一技术的是英国和美国。

但是，当时放射性的来源价格高昂，不适合大规模的商业生产。因此，此后数十年间，辐照食品的相关研究屈指可数。但是美国农业部动物管理局动物学研究所的主席本杰明·施瓦兹却对这一课题十分感兴趣，进行了一系列相关研究。施瓦兹一直以来都十分关注旋毛虫病，这种病是由旋毛虫感染了猪肉之后引起的。施瓦兹发现X-射线可以有效杀死旋毛虫，为保护公众远离食品诱发的疾病提供了一种很好的解决方法。虽然施瓦兹为这一发现申请了专利，但是这一方法却没有得到普及，因为这种杀菌法价格昂贵，远远不如传统的加热法简单易行。

20世纪40年代末，随着核能科学的迅速发展，辐照食品作为一种预防食品相关疾病扩散的方法重新又被人们提起。第二次世界大战末期，科学家开始研制造价低廉的射线源，为辐照食品的大规模商业化提供了可能。首先对这一技术感兴趣的是美国军队，他们想利用辐照技术为部队保存食品。1953年，美国军队创立了国家食品辐照计划（NFIP），使用了一系列监测方法测量低辐照水平下各种食品的保存效果。随后原子能委员会（AEC）也加入这一计划。

1955—1965年间，军队医疗部门对21种食品的辐照情况进行了研究。国家食品辐照计划一直持续到1980年。

1957年，联邦德国首次允许将辐照食品用于商业生产，批准香肠生产过程中可以利用辐照杀菌。但是一年之后，联邦德国又改变了政策，禁止在任何食品生产过程中使用辐照技术。第一个长期允许辐照食品的国家是苏联。1958年，苏联批准使用辐照技术抑制土豆出芽；一年之后，又允许使用辐照技术用于谷类食品杀菌。1960年，加拿大也通过法律批准使用辐照技术控制土豆出芽。

1958年，美国国会责令食品药品管理局负责管理食品辐照问题。国会宣布辐照属于食品添加剂的类别，适用于所有食品添加剂的相关法律。接下来的10年间，食品药品管理局陆续批准了一小部分食品可用于辐照，包括：

- 1963年批准用于熏肉杀菌（适用于美国军队）；
- 1963年批准用于小麦和面粉消毒；
- 1964年批准用于抑制白皮土豆出芽；
- 1971年批准用于各种罐装食品杀菌。

到2004年，联邦政府给辐照食品的批文已达16种之多，从香草香料到动物宠物食品都有。表5-7列出了已批准用于辐照的食品种类。

其他许多国家也已经批准了用辐照技术保证食品安全。表5-8给出了相关国家的信息。

人们了解到辐照可以杀死食品中的微生物已经一个多世纪了。但是利用这种技术保护食品安全的进程却发展缓慢。许多年来，辐照技术价格高昂是一个主要原因。近几年来，其他杀菌技术的开发以及公众对辐照技术的抵制也是阻碍辐照技术普及的重要原因。

表 5-7　美国批准使用辐照的食品

食　品　名	目　　的	批准年份
低辐照量（小于 1 kGy*）		
小麦和面粉	杀虫	1963
白马铃薯	抑制长芽	1964
猪肉	杀旋毛虫	1985
水果	杀虫，抑制水果成熟	1986
新鲜蔬菜	杀虫	1986
中等辐照量（1~10 kGy）		
脱水酶	杀死微生物	1986
肉类，生肉及冷藏肉	杀死微生物	1997
肉类，生肉及冷冻肉	杀死微生物	1997
家禽，新鲜的及冷冻的	杀死微生物	1990
用于发芽的种子	杀死微生物	2000
带壳鸡蛋	杀死微生物	2000
高辐照量（11~45 kGy）		
香草	杀死微生物	1986
香料	杀死微生物	1986
蔬菜调味品	杀死微生物	1986
肉类，冷冻的及包装的	杀死微生物	1995
动物及宠物饲料	杀死微生物	1995

* kGy=千戈瑞，辐照大小的量度单位。

数据来源：摘自林尼 · 布朗，《辐照食品安全吗？》宾夕法尼亚州立大学，农业科学学院，2002 年。在线阅读：http：//pubs.cas.psu.edu/freepubs/pdfs/uk109/pdf.

表5-8 世界范围内批准使用辐照的食品

国 家	食 品
阿根廷	香料,菠菜,可可粉
孟加拉国	土豆,洋葱,干鱼粉,豆类,冷冻海鲜,蛙腿
比利时	香料,脱水蔬菜,速冻食品
巴西	香料,脱水蔬菜
加拿大	香料,土豆,洋葱
智利	香料,脱水蔬菜,洋葱,土豆,鸡肉
中国	土豆,大蒜,苹果,香料,洋葱,中国香肠,中国酒
古巴	土豆,洋葱,可可豆
丹麦	香料
芬兰	香料
法国	香料,蔬菜调味品,冷冻及脱骨鸡肉
匈牙利	香料,洋葱,酒瓶塞
印尼	香料,块茎及根茎类食品
以色列	香料,土豆,洋葱,谷物
日本	土豆
韩国	大蒜粉,番茄,洋葱,香料,冷冻食品,家禽,脱水蔬菜,大米,蛋粉,速食品
挪威	香料
巴基斯坦	土豆,洋葱,大蒜,香料
俄罗斯	土豆,洋葱,谷类,新鲜及脱水水果、蔬菜,肉及肉制品,家禽,谷类食品
南非	土豆,洋葱,水果,香料,肉,鱼,加工鸡肉食品,蔬菜
西班牙	土豆,洋葱

续 表

国　　家	食　　　　　品
叙利亚	土豆，洋葱，鸡肉，水果，香料
泰国	洋葱，发酵猪肉酱，土豆

数据来源：坦度·詹姆《放射性同位素——农业生产的工具》。网址：http://www.pakistaneconomist.com/issue2002/issue32/i&e7.html.

塞缪尔·凯特·普雷斯科特(1872—1962)

塞缪尔·凯特·普雷斯科特(Samuel Cate Prescott)一生中涉足多个行业，比如食品保存中的化学及细菌学方法，香蕉植物感染的疾病，咖啡加热及冲泡中的化学，辐照技术保存食品的方法，自来水的细菌生物学，脱水及速冻食品的生产，马萨诸塞技术学院的历史，等等。从这些课题我们也不难理解为何当时的人都认为普雷斯科特是一个精力无限永不知疲倦的人，他从来不会为缺乏感兴趣课题而苦恼，甚至连食品技术协会的人都称他为“现代食品技术之父”。

1872年4月25日，塞缪尔·凯特·普雷斯科特出生于南汉普顿附近新汉普郡郊区的一所农场里。他在新汉普郡接受了中等教育，之后进入麻省理工学院，专攻微生物学、工业生物学、食品科学技术以及公众健康。1894年，普雷斯科特获得麻省理工学院学士学位。

毕业之后，普雷斯科特在麻省理工学院从事教学及科研工作，他的学术生涯开始了。普雷斯科特的主要研究课题是研究罐装食品的化学和细菌学，按照传记作者塞西尔·度恩的说法，“他为罐装食品的研究奠定了科学基础”。除了潜心科研之外，普雷斯科特还倾注了大量心血著书办讲座，向专业团体及公众普及食品保存的相关知识。

普雷斯科特在麻省理工学院的职业生涯里，担任过许多管理职位。1922年，普雷斯科特任公众健康及生物系系主任。10年之后，又担任麻省理工学院科学院首任院长，直到1942年退休才卸任。普雷斯科特在许多学术团体中也很活跃。1904—1921年间，他担任波士顿生化实验室主任，第一次世界大战之前，普雷斯科特还是波士顿卫生研究所及污水处理实验室成员。第一次世界大战期间，普雷斯科特受命担任美国军队农作物清洁所主管，负责研究各种保持食品质量的问题，为前线军队服务。第二次世界大战期间，普雷斯科特又担任了军需品供应办公室顾问，研究脱水食品问题。

除此之外，普雷斯科特还出版了大量书籍，面向专家及公众读者。翻译了吉恩·安福特的经典著作《酶及其应用》（1902年）；修订了威廉姆·塞奇威克的畅销书《科学消毒理念及公众健康》（1935年，与默里·霍武德合作），《工业微生物学》（1940年，与塞西尔·度恩合作），《水细菌学》（1946年），《M.I.T.何时开始引导波士顿技术》（1954年）。普雷斯科特还是美国细菌生物学会发起人，食品技术学家协会创办者及首任主席。1962年3月19日，普雷斯科特在波士顿逝世。

食品辐照的方法

所有的食品辐照杀菌方法都基于一个理念：破坏有机体中的酶分子、DNA分子等关键分子，进而导致有机体死亡，不能再对食品造成安全风险。而辐照之所以能够破坏这类分子，就是因为辐照可以将其中的能量传导给被辐照物质的电子，电子获得能量之后运动速度加快，如果是成键电子获得能量的话，就会摆脱化学键束缚，进而造成化学键断裂。如果是蛋白质分子、氨基酸分子或其他重要分子中的化学键发生断裂，分子就会被破坏，不能正常行使功能。这种情况下，该分子寄居的有机体（比如病原体）可能就会生病甚至死亡，不能再危害相关的食品。辐照造成极化学键断裂的过程也称辐解过程，这一过程中生成的新产物（也就是原分子的碎片）也称辐解产物。

食品辐照主要有3种方法。分别利用（1）放射性核，（2）电子流，（3）X-射线。

放射性核是能发射出阿尔法、贝塔、伽马等射线的放射性同位素。钴-60就是食品辐照中最常用的放射性核（还有一种放射性核铯-，可用于食品辐照，但是不常用）。钴-60的半衰期是3.5年，衰变生成镍-60，半衰期也就是放射性同位素衰变一半所需要的时间。钴-60衰变产物有无放射性的镍-60，贝塔粒子（ ${}_{-1}^{0}e$；电子）以及伽马射线（ γ；一种高能电磁射线）：

$$ {}_{27}^{60}Co \longrightarrow {}_{28}^{60}Ni + - {}_{-1}^{0}e + \gamma $$

钴-60的合成过程比较复杂，首先将无放射性的钴-59置于加工器中，镀上镍覆盖层之后在锆盒中分解。接着将钴-镍-锆的混合体封闭在约18英尺长的薄壁圆筒中（也称"钴-60"笔）。钴-60笔不用时，须储存在水下以保护工作人员及周围环境免受辐照影响。待辐照食品装在传输带上，从一排钴-60笔装置下通过接受辐照。放射性同位素发射出的伽马射线就可以杀死食品中的病原体。

用钴-60照射食品有众多优点。放射性核衰变发射的伽马射线可以深入均匀地照射食品，杀菌效果充分有效。而且钴-60衰变生成的唯一产物是镍-60，这种物质没有放射性，方便回收再利用。不管是从人类健康角度还是环境保护角度来看，使用钴-60可以说是百利无害。但是从工业角度来看，使用钴-60的辐照过程相对比较慢，而且每15年钴-60笔就失效需要回收再利用。

第二种辐照食品的方法是利用线形加速器生成的电子流（线形加速器是一种能加速质子、电子及其他基本粒子的装置，加速后速度高达光速的99.9%）。电子流接触到食品，就可以杀死其中的可能致病的病原体。电子流体系优于钴-60之处在于它可以随时开闭，而放射性同位素则只能持续放出射线，不用的时候必须妥善保存。而且电子流体系完全用不到任何放射性材料，这也免除了某些人对放射性材料的种种忧虑。但是电子流体系也有一个缺点，那就是穿透力比放射线差很多。如果需要照射到食品深处的话，必须将电子流转化为X-射线。此外，电子流体系比放射性同位素体系更复杂，价格也更高。

X-射线体系和电子流体系的理念基本类似。不同之处在于加速器生成的电子流需要再撞击金属片，将一部分电子流转化为能量更高的X－射线。随后用X－射线照射待杀菌的食品。X－射线体系和电子流的缺点相同（装置复杂，价格高昂），但是这种体系和放射性同位素体系一样穿透力比较强，因此比电子流体系的杀菌效果更好。

对于辐照的争论

辐照食品的问题造成了支持者和反对者之间激烈的争论。争论的焦点主要有如下几点：辐照杀死病原体的效果究竟如何，辐照食品究竟会造成怎样的化学变化，辐照技术对环境的影响如何以及辐照食品的营养价值怎样等。

支持辐照食品的人指出，美国每年因病原体导致的疾病达数百万例，造成成千上万名患者死亡，而辐照技术的杀菌效果非常理想，能杀死食品中99%的病原体。辐射杀菌在农业生产中也发挥重要作用，可用于谷物和面粉杀菌，不会残留任何有害的化学杀菌剂。但是反对者认为，长期食用辐照杀菌食品有和使用杀菌剂一样的缺点，因为这样会留下生存力最强的害虫，这些幸存者最终会发展成为高抗辐照的病原体。而且，由于辐照技术只能用于一部分食品，因此也只能解决一部分食品相关的疾病。

反对者还指出，病原体的危害我们已经了如指掌，但是辐照食品的效果究竟如何目前尚无充足的科学证据。既然辐照能破坏病原体中的化学键，生成辐解产物，那么它对食品本身又有什么影响呢？常见的辐解产物自由基，同时也正是一种致癌物质。此外，反对者还提出如下质疑，辐照过程生成自由基，那么会不会增加消费者患癌症的概率呢？如果不会致癌的话，那有没有可能导致白血病、肾衰竭等其他疾病呢？不可否认，这种风险还是存在，辐照食品也可能会导致某些疾病，包括癌症。

支持辐照食品的人指出，目前针对辐照食品的研究已经数不胜数，没有任何证据表明这类食品对消费者有任何安全风险。1998年，美国食品及药物管理局食品安全及营养应用中心的化学教授凯米·莫豪斯进行了一项研究，总结了世界卫生组织（WHO）、联合国粮食与农业组织（FAO）、食品规范委员会及食品和药品管理局在辐照食品安全方面的研究结果，指出："这些相关研究都得出了相似的结论，只要严格执行生产及辐照过程中的相关规定，辐照食品确实是安全无害的。"

支持者建议，虽然目前辐照食品加工厂中尚没有发生过危险事件，但是辐照食品过程中用到的辐照材料不论是包装、使用，还是分解过程中都必须确保安全。但是反对者认为和辐射有关的任何事物都存在潜在的风险，国家供应的食品不应该采用辐照技术，否则很可能造成食品中产生有害变化，这也在某种程度上代表了广大美国人的立场。但是需要注意的一点是，认为经过辐照的食品本身也会有放射性这一观点实际上没有任何科学根据。

反对辐照食品的人最担心的问题就是辐照可能会损害食物中重要的营养物质，比如维生素、矿物质等，造成食品中营养物质流失。他们认为辐照对维生素（A、C、E），B族维生素及β胡萝卜素的破坏最为严重。但是支持者回应说，对辐照食品的营养问题科学家已经进行了大量相关研究，结论基本一样，都认为辐照食品和辐照前营养价值没有变化。美国疾病控制及预防中心的一项名为"辐照食品常见问题"的报告中指出："所有的科学研究结果都表明，辐照杀菌不会损害食品的营养价值，也不会造成任何安全风险。"

公众对辐照食品的态度

其实长久以来只有小部分人一直在激烈地争论辐照食品的问题，主要是对辐照技术感兴趣的人及一些关注辐照食品的消费者群体。民意调查结果显示，近一半的人对这一话题一无所知。但是无论是美国还是其他国家，只要国家批准辐照食品上市，公众一定是更愿意选择购买及食用非辐照食品 。那么公众对于辐照食品的态度究竟如何呢？许多相关研究给出了相应的答案。

乍看起来，研究结果显示大部分美国人都不愿意购买及食用辐照食品。1997年哥伦比亚广播公司民意调查显示，77%的被试者不愿意购买辐照食品。食品销售协会的调查结果更加令人咋舌。表示愿意购买辐照食品的消费者比例从1998年的79%降低到了2000年的38%。

但是，这些民意调查有一个重要的影响因素，就是这些受调查的被试者对辐照食品究竟了解多少。有研究结果显示，消费者对辐照食品了解得越多，他们也就更愿意选择食用辐照食品。比如2003年一项研究中，研究者给佐治亚州的消费者提供辐照食品请他们试用，结果发现，接受该种食品的比例从1993年的29%（消费者没有试用过辐照食品）增加到了2003年的69%（消费者试用了相关食品）。该项研究还给出了之前类似研究的相关结果。研究者总结道，一般说来，消费者对辐照食品了解得越多，他们就更愿意购买、消费这类食品，也更愿意花高价选择这类食品。

但是，现在所有人都达成共识的一点就是，辐照食品必须有明确的标签，这样消费者才能充分了解他们购买的究竟是什么食品。但是目前美国管理辐照食品的相关法律却有些自相矛盾。食品经辐照之后必须贴上专门标签，并标注"辐射灭菌"等说明文字。但是该食品只有第一次出售时才需要贴上相应标签。比如，如果经辐照之后的土豆出售给薯条生产厂的话，必须贴上辐射灭菌的标签，但是厂家生产出的薯条却不需要专门标注提醒消费者用于生产薯条的土豆是经过辐照灭菌的。现在食品辐照技术最广阔的一个应用领域就是香料的辐照灭菌。但是根据现在的标签政策，利用辐照香料生产出的食品却不用贴任何相关说明。

辐照食品的标签问题正在经历一个转折期。2002年，美国国会通过《农作物保护及投资法案》，和现存的其他相关法律一起指导食品和药品管理局修订辐照食品的相应规定。2003年，食品和药品管理局批准可以使用"低温巴氏杀菌"一词取代"辐照灭菌"。但是，消费者团体反对这一决议，他们认为这等于是鼓励食品生产厂商继续使用这种很可能存在危险的技术，而不必知会消费者。在接下来的几年中，不管是美国还是其他国家，辐照食品的标签问题以及食品生产、分配、销售中存在的其他问题仍将成为困扰美国消费者的重要问题。

六

有机及天然食品

20世纪最后几十年,“天然”“有机”“绿色”“健康”等词语在食品工业中迅速流行开来。这些词语很难下定义,也很难分辨有什么不同之处。也有些人或者公司试图给这些词下定义,澄清它们究竟代表什么意思。比如,爱荷华州大学健康防治部门曾将“健康食品”定义为“能够改善人体健康状况的食品”。该部门指出,健康食品是对人体有益的食品,比如水果、蔬菜、粗粮、大豆、谷类食品,低脂牛奶及奶制品,瘦肉及家禽类食品,而不是仅仅贴一个“健康食品”的标签就行了。食品推广协会对“天然食品”的定义为“加工程度很小,不含人工合成的色素、香料、防腐剂及添加剂的食品。”但是食品推广协会也指出,市场很可能会误用这一词语,因为目前政府对该词的使用尚无控制,理论上来说,任何公司甚至任何个人出售的任何食品都可以贴上天然食品的标签。

但是食品工业中使用的一个词却有明确清晰的

定义，那就是“有机食品”。1990年，美国国会通过《有机食品生产法案》（简称OFPA），其中就所谓有机食品的生产制定了严格的国家标准，确保消费者的利益，推动国内有机食品的发展。根据《有机食品生产法案》的规定，美国农业部下设了有机食品管理机构（NOP），并且授权该部门详细制定规则，规定哪些食品可以贴上“有机食品”的标签。2001年10月21日，有机食品管理机构公布了相关细则。有机食品定义如下：

有机食品生产过程中必须注重对可再生资源的使用，注重水土保持及环境保护。而有机肉类、禽类、鸡蛋、奶制品等生产过程中不得使用任何抗生素或生长激素。有机食品也不允许使用传统的杀虫剂，不允许使用合成肥料及污水污泥灌溉，不经生物工程或电离辐射加工。（资料来源：“有机食品标准及标签的相关规定”，网址：http：//www.ams.usda.gov/nop/consumers/brochure.html.）

但是需要注意，有批评者指出，有机食品的这一定义中只提到了食品的生产方式，而对食品本身并没有详细规定。

《有机食品生产法案》及相关细则解释了什么样的食品才能贴上“有机食品”的标签，不管在生产、储存、装运还是销售中允许使用及禁止使用的材料及加工过程都无一遗漏。比如美国农业部发布的“国家允许及禁止使用的物质清单”中，列出了数十种有机食品中允许使用的合成化学物质（比如酒精、次氯酸钙、二氧化氯、过氧化氢、皂类除草剂、塑料薄膜、硫磺、皂类杀虫剂、硫酸铜、乙烯、磺酸木质素、硅酸钠等）以及不允许在有机食品中使用的物质（比如燃烧灰、砷、铅盐、氟铝酸钠、马钱子碱、烟草灰、氯化钾以及硝酸钠）。

符合美国农业部标准的食品可以贴上一个特别的标签以示区别（但不是必须）。这一标签意味着该包装中的食品至少95%符合美国农业部的相关标准，但是只有肉类、牛奶、鸡蛋、谷类、奶酪等单一成分食品才可以使用该标签。含有70%有机成分的多成分食品虽然不能贴上美国农业部的标签，但是可以注明“有机成分制造”。最后，有机食品含量低于70%的产品既不能贴美国农业部的标签也不能标“有机成分制造”，但是可以在标签上注明其中所含的有机成分。

食品生产厂家喜欢在产品描述时使用“天然”“健康”“绿色”“有机”等词语自然有其商业理由。公众意见调查结果显示，大部分美国人倾向于购买含杀虫剂少、对环境友好、营养价值高的食品。他们认为“天然”“健康”“绿色”及“有机”食品具备这些优点。但实际上，除了“有机”食品之外，其他“健康食品”都还没有相应的生产标准（图6-1）。没有这些标准，消费者在购买这些他们认为安全的食品时其实得不到任何保障。消费者对健康食品越来越重视，这也成为一个不可忽视的问题。

渐受青睐的有机及天然食品

人们对天然及有机食品的重视可以追溯到20世纪40年代。在那之前，市场上出售的几乎所有食品都是直接从农场或者牧场运到市场上来的，都可称作“天然”或“有机”食品。以1920年为例，当时1/3的美国人还生活在农场里。大部分时候，他们每天食用的食品都是自家农场出产或者隔壁农场买来的。但是仅仅50年之后，只有

图为在农场自由放养的产蛋鸡，农场主可以称它们是“有益健康的”、“天然的”及“绿色的”产品，但是只有符合美国农业部标准才能称作“有机食品”。（奈杰尔·卡特森/图片研究者有限公司）

图6-1 美国养鸡农场

不到5%的美国人继续留在农场上。大部分人都是从食品店购买食品，这些食品都经过装罐、冷冻、干燥等各种加工方式以便保存。

第二次世界大战之后，随着许多新兴加工工艺的发展，食品工业迎来了一次彻底的变革。到了20世纪50—60年代，数不清的经新技术生产的食品开始上市，直接来自农场的食品比例显著下降。随着这一浪潮的推进，小部分消费者开始对市场上出售的食品的营养价值等发生了质疑。许多地区的食品店开始开辟出专柜出售“天然”及“有机”食品。但是这类食品的销售额占总食品销售额的比例很小（约1%）。当时许多人将热衷购买此类食品的人视作古怪的有特殊癖好的人。

伊夫·鲍尔弗女勋爵（1898—1990）

种植有机农作物的农夫和现代意义下的农夫有很大不同，他们更有生态学的理念，认为这个世界是一个整体，害虫、杂草等生物都是生物区的天然组成部分，对保持生态系统的稳定持久有重要作用，应该加以利用而不是除掉。在生产过程中，他们也会努力实现这一理想，尽量用天然产物代替人工合成的种种物质。他们会努力研究究竟什么是自然规律，比如用健康的方式生产，不轻视自然规律并应用到自己农场生产过程中。

——伊夫·鲍尔弗女勋爵，《可持续农业生产——可耕种的土地》，国际有机农业运动联盟上演讲稿，锡萨赫，瑞士，1977。

第二次世界大战之后，出现了两种冲突激烈的农业生产观点。一种是传统的“有机”方法，注重在农作物种植及家畜养殖中使用天然材料。另一种是较新的“现代”方法，主要利用各种化学成分的合成杀虫剂及肥料。就20世纪末期来看，似乎是后一种理念更胜一筹。但是，不断地有各种民间运动呼吁人们要使用天然肥料及杀虫办法。伊夫·鲍尔弗（Eve Balfour）女勋爵就是其中立场最为坚定持久的一位哲学家。

1898年6月16日，伊夫·鲍尔弗出生于伦敦。她的家族中有许多著名的大人物，祖父布尔沃·利顿是一位诗人、评论家、小说家和政治家；叔叔约翰·威廉·姆斯特拉特，也就是雷利勋爵，是1904年诺贝尔物理学奖的获得者；另一位叔叔A.J.鲍尔弗，是1901—1905年的英国首相。伊夫·鲍尔弗成长于一个大家族中，有1个哥哥、4个姐妹、8个表姐妹及3个表兄弟。鲍尔弗家族主要在两个地区居住，一是萨里的禾京，另一处是在西罗西亚的维汀格姆。鲍尔弗家族非常重视孩子的想法和兴趣，这在当时实属难得。伊夫对许多课题都有浓厚的兴趣，正是早期受到了父母、姑婶、叔伯等长辈的鼓励。

伊夫幼年时就对自然怀有浓厚兴趣，12岁的时候她宣称长大后要成为一位农妇。虽然对贵族家庭的孩子来说，这一要求简直不近情理，但是伊夫的父母还是大力支持女儿的理想。他们专门为女儿开辟了一块荒地供她开展农业种植，而且设法让伊夫进入雷丁大学农学院读书，1915年，伊夫进入雷丁大学学习，两年之后，获得毕业证书。毕业之后，战期妇女农业协会聘请她监管蒙默思郡一个50英亩（约相当于202平方千米）农场的生产。

由于第一次世界大战的压力，管理蒙默思郡农场也是一项艰难的有挑战性的任务，但是伊夫没有退却反而坚定了从事农业生产的决心。战后，1919年，伊夫和姐姐玛丽在萨克福的好利买了一处157英亩（约相当于636平方千米）的农场。伊夫几乎一生都在这个农场上度过，她的姐姐玛丽和两名女伴贝布·荷登、凯瑟琳·卡丽陪伴在她左右。

除了经营农场之外，伊夫还从事了许多其他活动，比如筹办舞会，写侦探小说，取得飞行员驾照，参与什一税运动，等等，其中什一税运动旨在解放英国农民，使他们免于向领主交纳传统的10%的宗教税。但是，伊夫一生中重点关注的还是农业生产中的有机生产方法。1943年，伊夫出版了一本著名的书《可耕种的土地》。她在书中详细地描述了有机农业生产背后的科学基础，并列举了在好利农场进行的大量科学研究，比较了3种耕作方式：有机耕作，传统耕作（使用化学肥料和杀虫剂)和“混合”耕作方式(将有机和传统两种方式结合起来)。《可耕种的土地》再版多次,至今仍被视为现代有机运动的“圣经”。

1945年,鲍尔弗参与建立了土壤协会,该协会的宗旨是关心人类健康的关键问题,就是要有益健康的土壤,也就是要用有机的耕作方式,比如轮作、不使用化学试剂等。现在该协会已成为“有机食品及有机耕作运动的领头人”。伊夫直到逝世前几年还在参与土壤协会的活动,主要作为协会的代言人,而且不断提醒协会成员该协会之所以创立的宗旨。伊夫100岁的时候还在著书演讲,她对有机耕作的兴趣终生没有减退,1990年,她被授予新年度最受尊敬的名人。两周之后,也就是1990年1月14日,伊夫在萨伯郡的家中逝世。

到1990年,天然及有机食品的销售还仅仅局限在两个地方:专门的天然食品商店或者直接向生产者(比如农民)购买。1991年,68%的天然及有机食品都是在专门的天然食品商店出售的,25%直接向生产者购买,只有7%可以在传统的食品店买到。但是从20世纪90年代初期起,美国人食谱中天然及有机食品的比例突然发生了翻天覆地的变化。美国农业经济研究局(ERS)及食品销售局的数据显示,美国人突然之间对这类食品产生了浓厚兴趣。如图6-2所示,有机蔬菜水果的销量从1990年的1.81亿美元增加

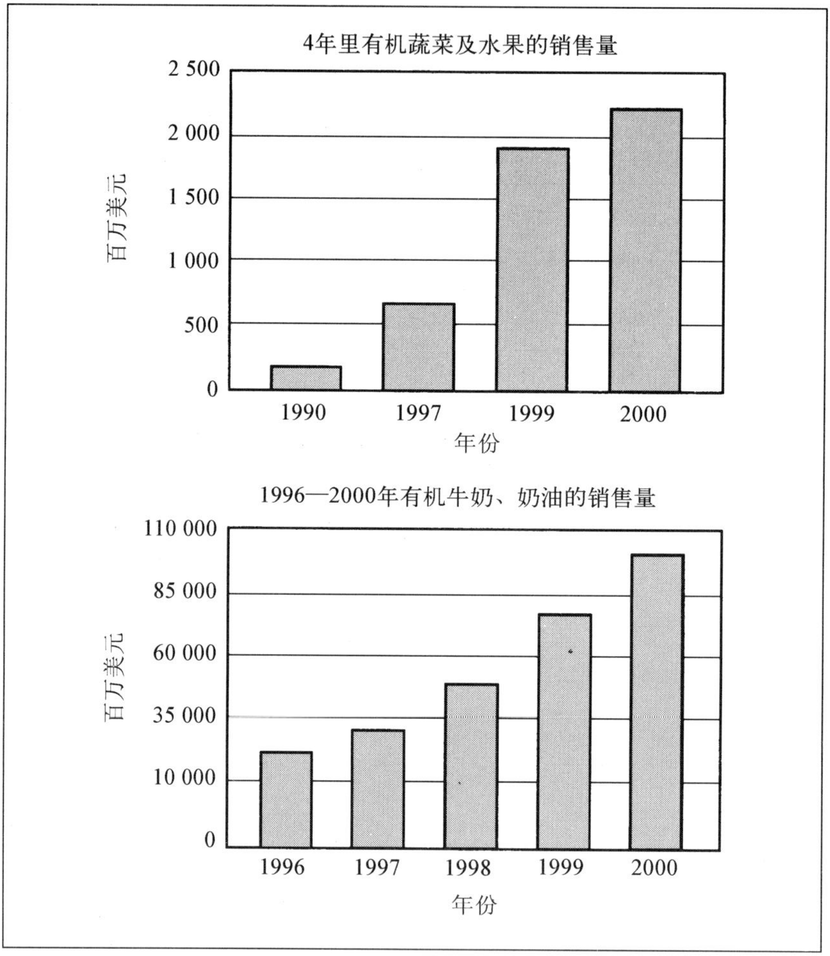

图6-2　有机食品销售趋势图

到2000年的22亿美元。同期，有机牛奶的销量（1993年首次登上传统超市的柜台）从1996年的1 580万美元增加到2000年的1.04亿美元。总的来说，自20世纪90年代中期起，有机及天然食品的总销量以超过20%的年增长率的速度增长，2002年达85亿美元。

传统超市也注意到了消费者这种选择上的变化，开始销售有机及天然食品。1995—2000年，传统超市中有机及天然食品的比例从不到10%增加到超过50%。据食品销售局估计，现在已有2万家天然食品店，销售有机及天然食品的传统超市也超过75%。

艾伯特·霍华德爵士（1873—1947）

只要研究有机耕作的兴起，就一定会提到第二次世界大战之后发生的巨变，一小部分人反对将合成肥料和杀虫剂引入农业生产中，他们认为在农业生产及畜牧业中都应崇尚"重归自然"。但有机耕作本身却并不是新概念。全世界的农民都知道有机耕作，而且数千年来一直都采用这种耕作方式。有机耕作运动历史学家提到艾伯特·霍华德爵士（Sir Albert Howard）采用的有机耕作的复兴和科学检测方法实际上正是中国人4 000年来一直使用的方法。

1873年12月8日，霍华德出生于萨罗普市主教城堡镇，父亲是理查德·霍华德，母亲名为安·凯尔沃·霍华德。霍华德先进入了萨罗普市一所名为热肯的寄宿学校，随后进入伦敦南凯盛顿皇家科学学院。之后，他取得剑桥大学圣约翰学院的奖学金，1896年和1897年通过一等自然科学荣誉学位考试，1899年获得剑桥大学农业科学学位。同一年，任巴巴多斯岛哈罗大学农业科学院讲师及西印度群岛皇家农业学院真菌学者及农业科学讲师。1903年，霍华德回到英国，任怀河西南农业学院植物学家。两年之后，他离开怀河，成为印度政府皇家经济植物学家。

1905—1931年，霍华德担任英国在印度的农业顾问。任期内，他负责将某些初级的科学种植方法介绍给印度农民，其中包括合成肥料及杀虫剂的使用。但是他指出，这些方法有时候不如他学习到的传统方法有效。一本介绍传统耕作技术的书深深地影响了霍华德，即美国传教士F.H.金撰写的《40个世纪以来的农民》，这本书主要介绍了中国农民使用的传统耕作技术。

霍华德决定做实验来验证究竟哪种耕作方式能更有效地促进印度农作物生长。他尤其关注堆肥的材料，废物利用提高农产品的产量。霍华德试验了许多种肥料，包括天然肥料和合成肥料，观察不同的肥料处理方法对农作物产量有怎样的影响。最后他发现，最有效的方法正是许多现代有机耕作的农民采用的方式，包括逐层堆垛动物肥料、污水污泥、垃圾、麦秆、叶子，平均每6个月轮替一次。这些物质分解生成的液体循环利用保持土壤的肥沃。

但是，霍华德的研究不只是有效的分解技术。他的研究实际上遵循了一种简单的哲学理念，即自然界的各个部分——土壤、农作物、家畜、人——都是自然的组成部分，把任何一种孤立对待都注定不会取得很好的效果。1943年，霍华德出版了《农业研究》一书，总结了他在印度半个世纪的研究结果及观念，也就是现在我们常说的有机耕作，这本书至今被许多采用有机耕作技术的农夫视为“圣经”。

1931年，霍华德回到英国，致力于推广英国刚刚兴起的有机农业运动。当时英国早期的有机农业推广者J.I.饶德和伊夫·鲍尔弗女勋爵都受到了他的影响。这两位推广者是英国土壤学会的建立者，该协会是英国最著名的推广有机耕作技术的团体。

霍华德一生获得了众多荣誉，1920年获皇家社会学院银质勋章，1928年成为加拉亚洲皇家学院会员，1930年获得孟加拉亚洲皇家学院巴克利勋章，1934年获得爵士勋章，1935年成为皇家科学学院荣誉会员。1947年10月20日，霍华德在伦敦黑荒原酒店逝世。

现在市场上出售的天然及有机食品种类繁多。其中最受欢迎的要数新鲜水果和蔬菜，销量达22亿美元，随后是非乳制饮料、面包及谷类、乳制品、速食食品（包括速冻及干燥食品、婴儿食品、汤和甜点）等等。图6-3列出了2000年美国销量排名前5名的有机食品。

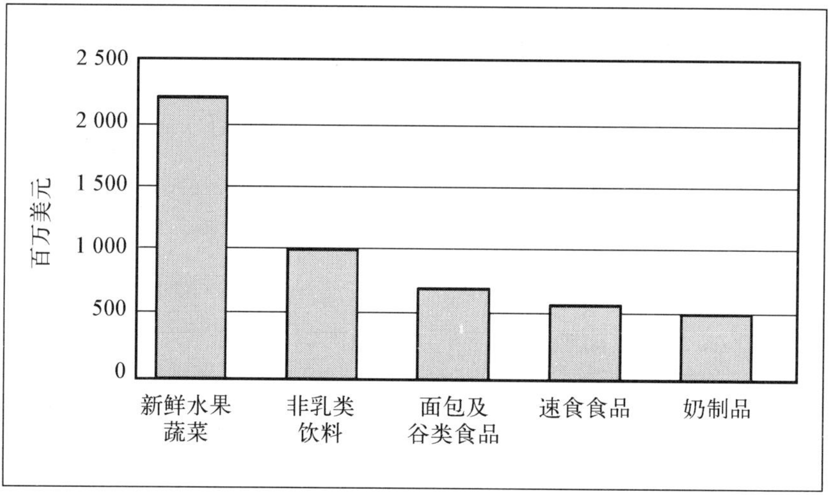

图6-3　2000年销量排前5名的有机食品

有机食品的成本

阻碍天然及有机食品运动推广的一个影响因素就是这类食品成本要比其他食品高得多（图6-4）。许多研究都在关注人们购买天然及有机食品到底要多花多少钱。例如，美国农业经济研究局调查了2000—2001年波士顿批发市场的销售情况，发现有机椰菜的

图6-4　有机种植方法不允许使用除草剂、杀虫剂等化学试剂（毛罗·法马里尔/图片研究者有限公司）

成本比同类传统食品高30%；有机胡萝卜的成本高25%；有机生菜的成本要高10%。研究还发现，这类食品的售价高于普通食品的10% ~250%。图6-5给出了该研究的研究结果。

为什么有机食品生产会比传统食品生产的价格要高呢？采用有机耕作技术的农民给出的答案是他们在生产过程中要多花费很多传统农业生产没有的费用。比如：

- 由于有机耕作采用劳动密集型耕作方式，比如手工除草、手工耕作、混合堆肥、轮耕等等，因此劳动力成本更高。
- 天然肥料的成本比合成肥料要高得多。

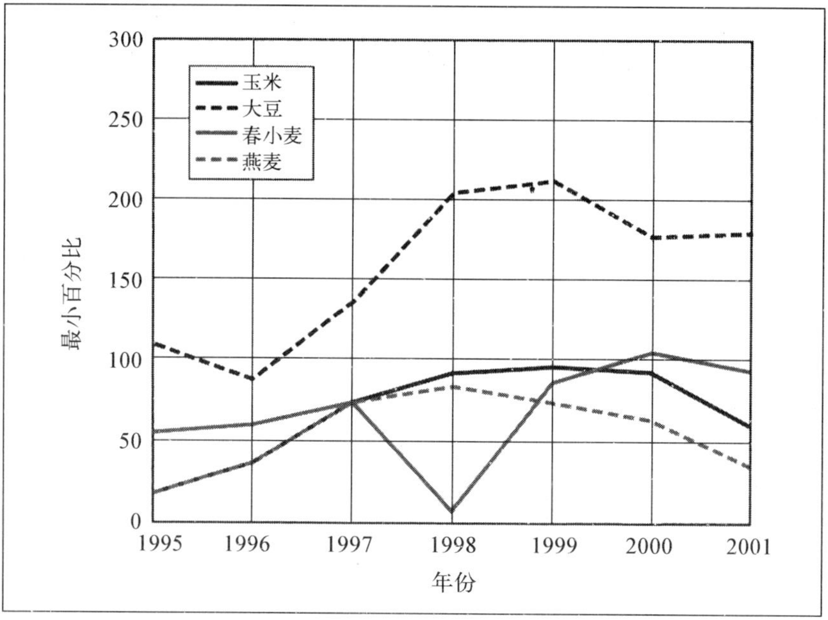

图6-5 1995—2001年有机类冷冻蔬菜的费用

- 采用有机耕作技术的农民要比传统种植方法的农民承受的风险要高，因为他们不使用化学物质减少损失（比如杀虫剂、除草剂等）。据研究显示，有机种植的农作物产量要比同种传统农作物低10% ~40%。
- 有机农场比传统农场数量少，这样平均下来每株农作物的成本就高。
- 有机食品的市场占有率相对较小，因此大规模储存、运输系统还不发达。
- 1990年通过了《有机食品生产法案》，虽然对消费者来说是件好事，但是农民想要严格按照规定符合“有机食品”的标准所需的成本也就更高。

但是推广有机耕作的人却指出，有机耕作存在潜在的好处，实际上能够降低产品的成本。例如，他们指出有机耕作及养殖方式具有如下好处：

- 保护并且提高环境质量，减少未来可能用于治理污染及水土流失的成本。
- 提高本地养殖动物的质量，减少动物治病的费用。
- 降低农业工作者接触有毒除草剂、杀虫剂及合成肥料的风险，降低雇员的健康成本。
- 有助于开垦荒地，增加可耕作面积，为当地增加收入。

有机耕作的支持者们认为，问题并不在于有机食品太昂贵，而是传统食品便宜得不合情理。也就是说传统的耕作方式实际上有潜在成本，社会作为一个整体总有一天要为这些潜在成本付出代价。不管这些说法是不是真的有道理，美国及其他国家的消费者都更愿意，也越来越心甘情愿多花钱购买有机食品。

有机食品：消费者的选择

就现在情况来看，美国人十分确信他们每日必须吃更多的有机和天然食品。那么究竟是什么原因使得消费者愿意多花许多钱购买这类食品呢？许多年来，有机食品的推广者都建议消费者多食用有机及天然食品有着种种好处。他们提出4点主要理由：有机食品看起来外观就很诱人；有机食品比合成食品更安全；有机食品有利于身体健康；有机食品对环境有好处。

《国家食品》杂志上的一篇文章中提到，天然食品和传统食品的外观和口味都有很大不同。文章写道："例如，天然花生酱吃起来口感很像花生，而不是花生口味的三明治酱。如果你喝一口天然桃汁，其口感就像咬了一口新鲜的桃子一样，而加了合成甜味剂和人工香料的桃汁，喝起来却不会有这种感觉，仅仅只是一种果汁味的饮料而已。"也有的支持者用更有风味、更新鲜、口感更好、风味醇厚等词语描述有机食品。专业厨师也对有机食品情有独钟。1997年，《食物和美酒》杂志进行了一项调查，发现受调查的厨师中有76%表示他们都"努力寻找有机耕作种植出的调味品"。

但是也存在一个问题，有机食品更好吃仅仅是民间调查的结果，并没有任何科学根据。实际上在许多研究中，科学家给消费者提供同一种食品的不同品种，一种是有机种植方法得到的，另一种是普通方法得到的，让他们判断哪种口味更好。结果发现消费者基本不能辨别这两种食品在口味上有什么区别。比如2003年，家务能手协会进行了一项测试就得出了相似的研究结果，测试中提供了3种有机及非有机食品，包括：卡斯卡底农场提供的有机蜂蜜坚果和一般方法生产的蜂蜜坚果（这两种食品是同一家工厂生产的）；海因茨有机调味番茄酱和海因茨调味番茄酱；乡村香草奶油三明治和纳比斯克奥利奥奶油夹心巧克力饼干。

影响消费者试吃结果的唯一因素是他们是否知道品尝的是哪种食品。英国进行了一项颇有影响的测验，大型连锁超市特意在超市内进行了一项口味测试，结果发现顾客更喜欢有机食品。但是这一结果却受到英国广告标准监督管理处的质疑，它们自己也进行了一项测验。监督局在测验中却发现，如果消费者不知道自己吃的是哪种食品的话，根本分辨不出这两者有什么不同。因此可以得出结论认为，有机食品和非有机食品在口味上其实没有显著差别。

有意思的是，也有一些测试结果显示，有些人更喜欢非有机食品的口味，而不喜欢有机食品。比如1999年，加利福尼亚州伯克利高中的一名学生对该州四五年级的小学生进行了一项调查，研究他们对有机食品的偏好。结果发现这些小学生更喜欢加工食品而并非有机食品。最后他这样解释自己的研究结果，“现在的孩子已经长期食用糖和速食食品，他们一点儿都不喜欢有机食品。这些孩子之前从来没有接触过有机食品，对他们来说有机食品吃起来很奇怪”。

热衷于有机食品的人提出的最为有利的理由，就是有机食品的生产过程中不含任何化学物质，不使用化学除草剂，也不使用肥料，因此是消费者放心的安全食品。也有很多科学证据证明有机食品确实更为安全无害。由消费者联盟出版的《消费者报告》，是美国最受推崇的消费者杂志，该杂志进行了一项调查，总结了关于有机及非有机类食品中杀虫剂的用量。结果发现，有机食品中的杀虫剂用量比非有机类食品少得多，某些情况下甚至完全不含杀虫剂。2002年，《消费者报告》杂志指出，传统方式种植的梨农药含量高达75%，而有机梨中农药残留仅为25%。桃子（93%：50%）、草莓（91%：25%）、甜椒（69%：9%）、菠菜（84%：47%），其他水果、蔬菜也得出了相似的结论。

虽然有如上一些研究结果，但是食品科学的相关政府管理部门却还是不倾向于在有机食品和非有机食品之间给出清晰的好坏鉴定。而且对有机食品不感兴趣的机构和个人都不断地表示，他们认为并没有充足的科学证据表明有机食品比非有机食品更安全。他们指出，研究这两种食品安全型的相关研究中没有进行很好的科学控制，而且有些研究也表明，这两种食品实际上差别很小甚至没有差别。比如，2002年，英国雷丁大学食品生物学院人类营养研究所休·辛克莱研究室里的研究员C.M.威廉姆就有机食品的营养价值问题作了一个研究总结。他写道："虽然现在有许多消费者倾向于认为这种（指有机耕作）方式生产的食品营养价值更高，但是根据现有的科学文献来看，却没有足够的科学证据证明这一点。"

有机食品的支持者常常还会提出这类食品不仅是更安全，而且更健康。他们认为人们食用有机食品的话，会比食用加工食品更健康，而且可能寿命更长。这些年里，各种有机食品都被冠上相应的美名。比如，所有的健康类网站都鼓励使用绿茶，因为绿茶具有多种促进健康的功效，能预防癌症、降低胆固醇、降血压及血糖、抗细菌抗病原体等。曾经一度这些人把有机食品的健体功效吹上了天。比如一个介绍亚麻子保健功效的网站指出，亚麻子能够预防心脏病、胆固醇过高、高血压、糖尿病、某些癌症、风湿性关节炎、狼疮、湿疹、牛皮癣、皮肤病、更年期副作用、骨质疏松症、溃疡性结肠炎、憩室炎、便秘、多种硬化症、子宫内膜异位、脱发、失眠症以及注意力缺乏症（简称ADD）等各种疾病。

和有机食品的安全性一样，其保健性也仅仅是依靠民间调查和人们自己的想法，既没有必要反驳这些说法，但是同时也要注意这些说法并非科学论断。最近几年，有些研究者进行了一些严格控制的实验，研究这些说法究竟有多少是可靠的。现在也已经有了一些研究结果，我们可以这么说，有很少量的证据显示至少一部分有机食品确实是更健康的。

2001年，约翰·霍金大学的维吉尼亚·沃森肯博士回顾了41篇文献，研究有机种植方法和传统方法生产的水果、蔬菜、谷类的营养价值。她发现，有机食品比传统食品中含有更多维生素C（比传统食品高27%）、铁（高21.1%）、镁（高29.3）和磷（高19.6%）。沃森肯指出，5份有机蔬菜就能提供一个成年人一天所需的全部维生素C，而传统蔬菜却远远不能。其他研究者也提到了有机食品特殊的维生素C保健功能。比如，2002年，密苏里州杜鲁门州立大学化学系教授萨欧·克拉克在报告中提到，有机耕作方式种植的橘子比传统橘子中的维生素C含量要高30%。2001年，在英国土壤协会的资助下还进行了一项广泛的研究。该研究也发现，有机植物中矿物质和植物营养素含量更高。植物营养素是由植物中提取出的对人体有益的化学物质，包括β胡萝卜素、辣椒素、类黄酮等。

研究者也在关注某些有机食品的特殊保健功效。2003年，戴维斯加利福尼亚大学食品科学系副教授阿里森·米切尔研究发现，有机种植的玉米、草莓和蓝莓中多酚化合物的含量要高很多，多酚化合物是一种植物中天然合成的化学物质。该物质可以预防心脏病、中风、动脉硬化、老年性痴呆、糖尿病、某些眼病、关节炎、骨质疏松症等多种疾病，还有抗衰老的功效。植物通过合成多酚化合物抵抗害虫。但是传统方法种植的植物由于使用了杀虫剂，结果大大损害了这一功能。而如果不使用杀虫剂的话，植物就会正常合成多酚化合物，为人体吸收利用。

虽然这些研究结果都显示有机食品确实对人体更有好处，但是许多政府部门还是在大力推广有机食品方面略有迟疑。大部分政府机构都持谨慎态度，认为有机食品和传统食品在营养价值上没有显著差别。其中立场最为鲜明的要数美国农业部，他们认为，目前尚无定论认为有机食品比传统食品更为健康（或者说更安全、口感更好、更有吸引力等各种说法）。

最后，有机食品的支持者指出，这类食品的种植技术对环境保护有好处。2002年，在一份提交给英国国会的关于有机耕作技术的报告中，列出了该技术的七大好处：

- 保护生物多样性：由于农业生产过程中要用到合成杀虫剂、肥料及其他非天然的化学物质，因此会对农作物生长地区生活的动植物造成影响。
- 保护土壤：由于有机耕作方式不使用合成化学物质，而且采用农作物轮作、堆积肥料等保养土壤的技术，因此可能会对土壤有积极的保护作用。而且由于没有使用合成杀虫剂，土壤中的有益生物及微生物，比如蚯蚓、细菌等不会遭到破坏，有助于提高土壤的肥沃程度。
- 保持水土：有机耕作方式中一个重要的过程就是保持水土，提高土壤的蓄水能力，控制土壤中水流的运动，降低传统耕作方式对水土的破坏。
- 减少温室气体：某些支持者指出，有机耕作方式可能会降低排放的二氧化碳气体、氨气、甲烷等气体，进而减少温室气体排放，改善全球变暖的情况。

- 保护能源：由于全部使用天然材料，因此经营一个有机农场所需的能量比经营传统农场可能要少。
- 促进动物健康：由于不使用合成化学物质，有机农场中生活的动物患病的风险要小，在健康的环境中生活其寿命也会更长。
- 提高营养价值：有机耕作方式中仅使用天然物质，可能会提高农场中动植物的健康水平及营养价值。

上述说法的相关支持证据有的很有说服力，有的却是空穴来风。例如，根据研究报告，有机耕作对土壤质量的影响“有大量的研究证据”，但是，对大气的影响却“没有足够的证据”证明。报告中还列举了两份欧洲的研究报告，支持有机耕作有利于周围环境的说法。例如，2002年1月，国际有机农业联盟的报告中指出，“有机产品和生物多样性保护之间有正相关”。

1999年，欧洲土地领主协会发布的报告中得出了相似的结论：

> 我们得到的证据显示，有机耕作确实有一定的好处。包括有利于生物多样性，土壤结构，水质，动物健康及幸福，以及食品质量，等等。

有机食品的支持者认为这类食品有种种好处。相对传统食品来说，有机食品更有美感，食用安全，营养价值高，也更有利于环境保护。但是他们得出的这些结论大都基于常识或者道听途说的非官方证据。不管这些说法有没有科学证据，现有的证据表明，有机食品和非有机食品之间的差别并不像支持者们曾经想的那么大。但是食品销售的数据显示，许多人都确信有机食品优于普通食品，更愿意花高价购买这类食品。

对有机食品及有机种植技术的质疑

虽然有机耕作及有机食品有上述的一些优点，科学家却没有给出清晰的有说服力的证据能够证明这一点。实际上，一些科学家和外行者持截然相反的观点。他们断然否认有机耕作及有机食品有任何好处，而且认为它们甚至会对人类健康和环境有害。但是这类说法并不代表科学研究的结论，仅仅反映了一部分人对有机食品的偏见。也就是说，就像有人在狂热地推广有机食品一样，也有一部分极端分子只是单纯地对有机食品忧心忡忡。

例如，1991年，健康及药物学自由作家玛里琳·拉金为美国健康及科学咨询委员会办的名为《先锋》的杂志写了一篇专栏文章，专门针对有机食品的热潮。拉金认为，现在的有机食品运动其实是利用“威吓和伪科学”误导公众，让他们相信传统食品食用起来不安全。她也反对联邦政府出资赞助有机食品的相关研究，反对美国农业部为有机食品创立相关项目。她认为这些项目价格高昂，会增加有机食品的成本进而使得有机农业者被淘汰出市场。

虽然支持和反对有机食品的人中都有一小部分狂热者过分夸大他们的观点，但是人们还是应该对这类食品及其生产过程中的安全性问题有一个客观的认识。对有机食品最大的怀疑就是其中可能含有致病微生物：大肠杆菌O157：H7。第五章里也提到过，大肠杆菌O157：H7导致的疾病是包括美国在内的世界各国中最常见的食品相关疾病。传统农作物在种植中往往使用杀虫剂，这类细菌就基本不可能生存。而有机耕作者不使用杀虫剂，就无法保障生产出的食品不含病原体。而且有机农场中常用牛粪作肥料，牛粪中常常携带了大量的大肠杆菌O157：H7。

批评有机耕作方式的人常常质疑有机食品消费者推崇的无杀虫剂这一点。他们认为，法律法规已经严格限制了杀虫剂的用量，保护了传统食品的安全性。美国人完全不用担心食品中残留的农药会有什么不好的影响，因此花高价购买有机食品毫无意义。

有机耕作方式是否真的有利于环境保护也是受质疑的关键问题。有机耕作中使用的某些技术，比如深度耕耘、松土，促进了农作物生长。但是，有的土壤学家认为，这些行为可能会降低土壤中的矿物质含量，造成水土流失。

前面介绍了食品科学中存在的种种问题，消费者也必须在市场上琳琅满目的食品面前作出选择。虽然我们可以制定各种政策支持或者反对有机耕作及有机食品的销售，但是目前来看，争论的任一方都还缺乏足够的科学证据。

结　语

人们对自己的日常饮食究竟有多少了解呢？很多世纪之前，大部分人的日常饮食都十分简单。他们每天的食品不是自己种植的就是从附近的农场牧场买来的。随着各种食品保存技术的发展，食物不再直接获得，人们也开始面临各种越来越复杂的食品问题。

进入21世纪以后，现代化学取得了巨大的进展，给我们提供了全新的视角看待食品问题。食品科学家开发出了各种食品加工方法改变天然食品的各种特性，增加食品保质期，而且使食品看起来更为诱人、吃起来更为美味。

食品化学首要的贡献就是发明并引进了各种食品添加剂，化学添加剂是一类化学物质，能够延长食品保质期，增加食品的口感风味。虽然食品添加剂的使用并不是20世纪才出现的新现象，但是食品化学家开发的添加剂都经过细致的试验和检测，确实能够提高食品的质量。

科学方法引入食品添加剂的过程中逐渐引发了公众的担忧，人们开始要求美国政府对公众食品进行严格控制。为了确保对天然食品的加工不会对人体造成危害，美国政府做出了诸多努力，其中首要的是1906年制定了《纯净食品和药品法案》。20世纪末，食品化学家拓展了研究范围，完全改变了天然食品的形状，甚至开发出了新型纯人工合成的食品，政府部门也在不断地努力确保这些食品安全无害。

到20世纪最后20年，研究者开始将化学领域中开发研制出的各种新材料、新技术引入食品生产中，生产出了不计其数的新食品。其中最令人叹为观止的是将一种有机体体内的基因植入另一种有机体体内，得到全新的食品。公众对这类新食品的态度大相径庭，有的热烈欢迎，有的激烈反对。虽然目前科学家已经进行了各种相关研究，但是转基因食品究竟会对人类健康及环境安全造成威胁还是会为消费者提供一种安全可靠的新食品，目前尚无定论。

有趣的是，由于对转基因食品、食品添加剂、辐照食品、合成食品及其他现代食品工业产物的担忧，目前有一种态度是全盘否定，想要回到之前简单的生活。例如，2004年，纽约《时代周刊》发表了一篇人物专访，讲到佛蒙特州的一个年轻人开了一家有机食品饭店，店里只出售他从附近农场、牧场及其他生产场地获得的各种食品。任何人读到这个故事都难免会想到这个故事听起来简直像发生在一个世纪前，那时候人们每日吃的食品恰恰正是现在佛蒙特州这家“农场新鲜品”饭店出售的食品。比起出售传统加工食品的饭店来说，这家饭店的价格要高得多。但是顾客却并不在意这一点，他们心甘情愿花高价购买新鲜、绿色、天然的有机食品，其中不含任何化学物质。更为有意思的是，这篇文章在全国的读者中引起了强烈反响，许多人都十分赞赏这一做法，满心期待自己生活的地方也能开一家类似的饭店。该文章的作者指出，或许开一家这样的连锁饭店会有很大市场，可以将许多人心目中早已时过境迁的饮食文化再次带回现实生活中。

那么美国及其他发达国家食品工业的未来究竟是什么样的呢？是不是我们现在面临的也仅仅只是食品变革的开始，合成食品会不会逐步发展，种类越来越多样化，以至于会到我们现在都无法想象的地步？或者随着公众对健康及环境保护问题的关心，政府部门就会逐步限制研究者及食品公司开发的食品种类？也许只有最智慧的头脑才能回答这些问题。